上海立信会计金融学院
SHANGHAI LIXIN UNIVERSITY OF ACCOUNTING AND FINANCE

1928-2018

本系列图书由上海立信会计金融学院
学术出版专项资金资助

1928-2018

序伦财经文库

中国金融稳定与货币政策

郭建娜 ⊙ 著

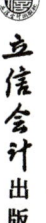

立信会计出版社

图书在版编目(CIP)数据

中国金融稳定与货币政策/郭建娜著. —上海：
立信会计出版社,2018.6
(序伦财经文库)
ISBN 978－7－5429－5761－0

Ⅰ.①中… Ⅱ.①郭… Ⅲ.①金融事业－经济发展－
研究－中国②货币政策－研究－中国 Ⅳ.①F832
②F822.0

中国版本图书馆 CIP 数据核字(2018)第 078824 号

策划编辑 窦瀚修
责任编辑 王斯龙
封面设计 南房间

中国金融稳定与货币政策

出版发行	立信会计出版社			
地　址	上海市中山西路 2230 号	邮政编码	200235	
电　话	(021)64411389	传　真	(021)64411325	
网　址	www.lixinaph.com	电子邮箱	lxaph@sh163.net	
网上书店	www.shlx.net	电　话	(021)64411071	
经　销	各地新华书店			
印　刷	江苏凤凰数码印务有限公司			
开　本	710 毫米×1000 毫米	1/16		
印　张	14	插　页	1	
字　数	170 千字			
版　次	2018 年 6 月第 1 版			
印　次	2018 年 6 月第 1 次			
书　号	ISBN 978－7－5429－5761－0/F			
定　价	48.00 元			

如有印订差错,请与本社联系调换

前　言

金融市场是市场经济的重要组成部分,金融系统的稳定情况影响着宏观经济的运行。2008 年的金融危机对世界经济造成的冲击至今仍无法估量,它的出现挑战了许多传统的经济、金融理论。特别是,它使对金融稳定问题的重视被各国政府提升到前所未有的高度。世界各国应该更加重视金融稳定问题,应该考虑如何将金融稳定与货币政策进行有效的统一。虽然我国还未发生过真正意义上的金融危机,但是我国金融体系还不够完善,金融改革还在不断地进行,可能引发金融不稳定和金融风险的因素在不断地累积。此外,伴随着经济全球化,一个国家的金融危机更易蔓延到其他经济体。在当前国内外金融环境复杂多变的严峻形势下,我国也应顺应趋势,重视金融稳定问题。所以,如何了解我国金融稳定的具体情况,并通过金融稳定以及借助货币政策,确保金融体系的平稳运行和经济的长足发展,是我们面临的现实问题。本书旨在编制能够衡量我国金融稳定情况的中国金融稳定指数(China's Financial Stability Index,简称 CFSI),并将其应用到金融稳定与货币政策的关系研究中,以得出具有指导意义的结论。本书对中国金融稳定指数的编制和应用进行研究,具有重要的理论和现实意义:第一,可以丰富我国有关金融稳定研究的理论内容;第二,可以完善我国金融稳定指数构建的理论宝库;第三,可以为管理者、决策者和投资者及时、准确了解我国金融稳定与否的现状提供参考;第四,可以更好地预防金融危机;第五,可以为宏观经济运行情况提供一个先行指数;第六,可以扩大中国金融稳定指数的应用范围,更好地研究金融稳定与货币政策的关系。

通过了解有关金融稳定指数的研究现状,可以发现已有研究主要存在以下几个问题。第一,在金融稳定指数的编制方面:指数的构建思想不明确,未能紧扣金融稳定的内涵,不能很好地体现金融稳定指数基本的表征功能;指标体系的构建有较强的随意性,一个指标所属维度模糊不清;指标数目存在趋多现象,指标之间存在重复和交叉的可能;忽略指标体系的实际应用性,在选择指标时没有充分考虑数据资料的可得性,使得指数失去了使用价值;鲜有文献解释说明指标的变化与总指数变化的关系,致使有些指标的定位模糊不清。此外,赋权方法过于简单,不够合理。等权重法、主成分分析赋权法是构建金融稳定指数过程中被广泛使用的经典赋权法,但是,等权重表明不同指标对金融稳定的影响相同,这与实际不相符。主成分分析赋权法未使用全部信息,使得结果有偏差。第二,在金融稳定的应用方面,我国的研究还不够广泛。特别是,有两个方面的研究还未涉及或存在不足。一方面,未有学者研究金融稳定指数对宏观经济反映的领先、滞后能力。研究中国金融稳定指数与宏观经济指标的领先、滞后关系,可以丰富指数的功能,使之能够为预判或验证宏观经济的发展情况提供帮助。另一方面,未全面研究考证金融稳定目标对我国货币政策规则是否存在非线性特征以及时变特征。当前,在关于我国金融稳定与货币政策的关系研究中,或是侧重于研究这两者之间的线性关系,或是侧重于研究货币政策的时变特征,还未全面研究在货币政策考虑金融稳定目标前后,货币政策规则的线性或非线性特征是否有所变化;也没有同时研究我国的货币政策规则在时间上是否存在变化的时变特征。

金融不稳定在经济、金融系统运行机制内是不可避免的。本书介绍了分析金融不稳定产生的理论,为研究金融稳定问题奠定了理论上的基础。为了编制中国金融稳定指数,本书先对金融稳定的定义进行梳理分析,在此基础上从能力的角度将金融稳定定义为金融系统具备"正常履行其经济职能的能力"和"抵御一定外部冲击的能力"(两种能力)。同时,综述金融稳定指数的编制现状,形成金融稳定指数的编制理论,为编制指数提供理论依据,确定指数在功能定位、计算方法、指标体系构建、数据预处理、赋权方法、指数计算的频率等方面的内容。其中,最核心的部分是指标体系构建和赋权方法。本书在两种"能力"的基础上选取相关的金融指标。此外,我们从综合的金融稳定指数研究现状中得到启示:由于金融稳定指数与宏观经济具有密不可分的关系,本书在理论研究的基础上选取部分主要的经济指标,构建编制中国金融稳定指数的指标体系。研究金融稳定的主要原因在于金融不稳定的严重后果,目的是通过金融的稳定实现经济的健康发展。根据各指标对经济增长的影响程度确定权重符合金融稳定的目标,具有合理性。计量模型赋权法正是符合这一思想的方法。具体来说,本书尝试了广义脉冲响应函数赋权法、结构向量自回归模型赋权法、状态空间模型赋权法等计量模型赋权方法,并对得到的三个指数进行检验,确定基于结构向量自回归模型赋权法合成的指数为最终的中国金融稳定指数,此指数具有良好的表征功能。

在中国金融稳定指数的应用方面,其中一个应用是将指数的功能进行扩展,分析中国金融稳定指数对主要的宏观经济指数的领先能力。本书研究结果显示,此指数对我国宏观经济指数具有很好的领先能力,其领先 GDP 指数、宏观先行合成指数、宏观一致合成指数、宏观滞后合成指数、工业生产者出厂价格指数的时间分别为4.68、3.37、5.19、6.27、4.84 个季度。经检验,该研究结果是稳健的。另一个应用是将中国金融稳定指数纳入货币政策规则,研究扩展后的泰勒规则所具有的特征,主要是具有的非线性和时变等方面的特征。不考虑金融稳定目标的货币政策规则会忽视物价稳定时金融过度繁荣中潜在的风险累积,这是由于在历史条件下,金融稳定与物价稳定呈现一致性。所以,两者中只有物价稳定是货币政策目标。但是近年来两者背离的事实说明了新形势下的物价稳定并不意味着金融稳定,也就是说,传统的基于物价稳定目标的货币政策规则在当今的经济环境下已无力保证金融稳定,货币政策规则应考虑对金融稳定目标的关注。2008 年的全球金融危机更加启发政策制定者们在制定货币政策时尽量避免随意性,应趋于规则化,还应思考在货币政策制定中如何更好地考虑金融稳定目标。本书在通货膨胀和产出两个货币政策目标变量的基础上,将金融稳定以指数的形式加入货币政策目标中,并对包含金融稳定目标的泰勒规则所具有的特征进行研究。研究发现:①金融稳定及产出在货币政策中可以平稳地传导,通货膨胀在货币政策中的传导不平稳,即金融稳定或产出的变动经过货币政策的传导会被逆向抵消,能够趋于平衡,而通货膨胀率的上升或下降经过货币政策传导会进一步被扩大或缩小。②在通货膨胀程度高的经济环境下,金融稳定对利率有显著影响,中央银行会增加对金融稳定目标的关注,此时,产出缺口的扩大对利率的影响比通货膨胀程度低时更大;再者,利率需对通货紧缩做出更大的反应。③如果以未包含金融稳定目标的货币政策规则作为宏观调控的参照规则,货币政策的效果会被低估。④经验证,我国在货币政策调控中显著地关注了金融稳定目标,我国货币政策的操作逐渐趋于按照含有金融稳定的泰勒规则进行,因此,将金融稳定目标加入货币政策规则中的研究内容和结论是有效的。

基于本书在编制中国金融稳定指数及其领先能力研究、其与货币政策关系研究的实证分析中获得的结论,提出以下几点具有启发性的建议:第一,监管部门及投资者可将中国金融稳定指数作为判断金融市场情况及投资环境的参考指标;第二,建议管理部门考虑将中国金融稳定指数作为宏观经济的预警指标,提高对主要宏观经济指标的预判能力;第三,加快推进利率的市场化,打通利率的传导渠道,提高货币政策有效性;第四,货币政策需关注金融稳定目标,其实施需趋向规则化;第五,构建能够反映我国金融稳定情况的指数,可为金融监管部门以及投资者把握我国金融稳定情况提供参考依据,也有利于货币政策规则的应用。

本书的研究内容和过程,主要有以下几点创新之处。

第一,本书提出了可以从金融系统需具备两种"能力"的角度去理解金融稳定的内涵的观点,并在此基础上提出中国金融稳定指数的定义。认为在金融稳定的状态下,金融系统具备"正常履行其经济职能的能力"以及"抵御一定外部冲击的能力",而金融稳定指数是能够从两种"能力"上体现我国金融稳定情况的平均数的。

第二,本书首次紧扣金融稳定的内涵——两种"能力"构建指标体系。所选指标体现的含义不重复,避免了指标体系过于烦琐,详细说明了各指标对金融稳定的影响方向。同时考虑了数据可得性,使指标体系有实用价值。

第三,本书根据各指标对经济增长的影响确定权重,尝试基于广义脉冲响应函数、结构向量自回归模型以及状态空间模型等多种计量模型的赋权法,并对得到的指数进行检验,确定了最终的中国金融稳定指数。

第四,本书构建的中国金融稳定指数不仅是表征指数,而且还是通过领先、滞后分析和检验,对我国宏观经济指数具有领先能力的指数。

第五,本书将构建的中国金融稳定指数加入货币政策目标中,对我国考虑金融稳定目标后的货币政策规则进行全面研究,发现了包含金融稳定目标的货币政策规则具有不包含金融稳定目标的货币政策规则所不具备的非线性特征。例如,在通货膨胀程度高的经济条件下,金融稳定度会显著地影响利率,产出缺口的扩大对利率的影响作用比在通货膨胀程度低的经济条件下更大等,这可以为不同的经济环境条件下货币政策的实施提供更有针对性的指导。此外,使用近年的数据进行研究发现,我国货币政策的制定显著地关注了金融稳定,并且呈现出参照含有金融稳定目标的泰勒规则进行调整的趋势。

郭建娜

2018 年 6 月

ABSTRACT

Financial market is an important part of modern market economy, and the stability of the financial system has an important impact on the overall macroeconomic. The 2008 financial crisis is one of the most serious crisis since the great depression. It's shock on the world economy is still incalculable. Besides, it challenged many traditional economic and financial theories. In particular, it promoted the financial stability problem up to unprecedented level. Countries in the world should pay more attention to financial stability, and should consider how to effectively manage the financial stability and the monetary policy. Although our country has not yet experienced true crisis, China's financial system is not perfect enough and financial reform is ongoing. Those could lead factors which may trigger financial instability and risk to accumulate constantly. In addition, in the context of economic globalization, a country's financial crisis is more easily to spread to other countries. Under the complicated and changeable situation of domestic and international environment, our country should also comply with the trend and attach great importance to the financial stability. So, we face the following questions: how to know the real situation of China's financial stability? How to ensure the smooth running of the financial system and the rapid development of economy through the financial stability and monetary policy? The purpose of this book is to construct the China's Financial Stability Index which can measure the financial stability situation of our country, and get some significant conclusion through studying the relationship between financial stability index and monetary policy? The researching in this paper has important theoretical and realistic significance. Firstly, the researching can enrich the theory of financial stability. Secondly, the researching can perfect the constructing theory of financial stability index. Thirdly, the researching can provide reference for managers, policy makers and investors to accurately and timely understand the situation of China's financial stability. Fourthly, the researching can provide more help to prevent the financial crisis. Fifthly, the researching also provide a leading indicator of macroeconomic. Sixthly, the researching can enlarge the application scope of financial stability, and promote the study on the relationship between financial stability and monetary policy.

　　There are some problems in the research status quo of financial stability index as following. The first is in terms of constructing the financial stability index. The construction ideas of the index are not clear. For example, the process is not closely related to the connotation of financial stability, which weakens the index's basic function of characterizing the real situation of financial stability. The indicator system is random, and the dimension of same indicator is fuzzy. The number of indicators is larger and larger, and this may hide the repeatability. The writers may ignore the practical applications. They do not fully consider the availability of data when choose indicators and cause the index losing the practical value. There are rare literatures explaining the relationship between each indicator and the index, which cause the positioning of some indicators not clear. In addition, the weighting methods are too simple and not reasonable. Although equal weighting method and principal component analysis method are widely used during the construction of financial stability index, equal weighting method shows that the influence of different indicators on financial stability is the same which is inconsistent with the fact, and the complete information is not used in principal component analysis method which makes the results have a deviation. The second is that research is not enough widely in our country in terms of the application of financial stability. In particular, there are two aspects. On the one hand, there are still no study about the lead-lag ability of financial stability index to macroeconomic at present. Researching the lead-lag relationship between the China's financial stability index and macroeconomic indicators can enrich the function of the index, and this can offer help for predicting or verifying the development of the macroeconomic situation. On the other hand, there is not comprehensive study about whether there is non-linear property and whether there are time-varying characteristics for China's monetary policy rules in which financial stability is added. At present, the relating research either focuses on the linear relationship or focuses on the time-varying characteristics, and no paper researches both of them at the same time. Also, there is no paper researching whether there are changes when monetary policy rules take the financial stability into consideration between before and after.

Financial instability is inevitably in the operation mechanism of economic and financial system. This book introduces the theory of financial instability to lay a theoretical foundation for researching the financial stability. For the purpose of constructing China's financial stability index, firstly we review and analyze the definition and connotation of financial stability. On the basis of this, we define the connotation of financial stability from the "ability" perspective and it is defined as the financial system which has "normal ability to fulfill its economic functions" and "the ability to resist shock to some extent". We also review the building status quo of financial stability index, thereby form the constructing theory about financial stability index. Then according to this theory determine the function orientation of the index, the index calculation method, the indicator system, the data preprocessing, the weighting method, the frequency of the calculation, etc.. The most two core contents are the indicator system and weighting method. This book selects relating financial indicators on the basis of the "two abilities". In addition, drawing inspiration from the comprehensive financial stability index, we know that the financial stability is closely connected with the macroeconomic. So, we also select part of main economic indicators based on the theoretical research. The main cause of researching the financial stability is the serious result of financial instability. The ultimate goal for financial stability is to keep economy running smoothly by the stability of the finance. Then according to the influence degree of each indicator to economic growth, we determine the weight according to the goal of financial stability and it is more rational. Fitly, econometric model weighting is the method which can solve this problem. In detail, this book attempts to use generalized impulse response function method, the structural vector autoregression method and state space model to weight. After testing the three indexes, we choose the index which is constructed by using structural vector autoregression weighting method as the China's Financial Stability Index. This index has good representation function.

About the application of the China's financial stability index, one of the promotions is expanding the index function. We analyze and test the leading ability of the China's Financial Stability Index to the main macroeconomic indicators. The results show that the index has a very good leading function for macroeconomic indicators of our country. It leads GDP Index, Macroeconomic Leading Index, Macroeconomic Consistent Index, Macroeconomic Lag Index and PPI by 4.68, 3.37, 5.19, 6.27, 4.84 quarters respectively. Through testing, we find that the research conclusions are robust. Another promotion is adding China's financial stability index into the monetary policy rules. We study the characteristics of extended Taylor rule, mainly about the nonlinear and time-varying characteristics. The monetary policy rules which do not include the financial stability target will let us ignore the potential risk accumulation under the state of the financial excesses prosperity while the price is stable. Under the historical conditions, financial stability and price stability present consistency. So only the price stability is the monetary policy's goal. But in recent years, the fact that financial stability deviates from price stability shows that under the new situation price stability does not ensure the financial stability. That is to say, the traditional monetary policy rules based on the price stability goal are unable to maintain financial stability in today's economic environment and financial stability should be added to monetary policy rules. Especially, the 2008 financial crisis force policy makers to avoid arbitrarily but regularly formulating and implementing the monetary policy and force policymakers to think deeply about how to deal with the financial stability goals better through the monetary policy. In this book, on the basis of the two monetary policy target variables—inflation and output, we add financial stability to the monetary policy and research the effect of macroeconomic regulation according to the Taylor rule which includes financial stability target. The following empirical results have been found:① The financial stability and output have smooth transmission in the monetary policy while inflation has no smooth transmission in the monetary policy. That is to say, the change of the financial stability or output will be reversely offset and close to equilibrium value through the transmission of monetary policy, but the rising or falling of the rate of inflation will be larger or smaller through the monetary policy transmission. ② Under the state of high inflation, financial stability has a significant influence on interest rates, the central bank will put the focus on financial stability goal. And at this state, the expansion of the output gap has greater effect on interest rates than under the low inflation. Furthermore, interest rates need to be more responsive to the deflation. ③ The macroeconomic regulation ignoring financial stability target will underestimate the effect of the monetary policy. ④ Through the empirical test, we find that China's monetary policy significantly includes financial stability target. Also, China's macro-control gradually tends to be adjusted in accordance with the Taylor rule containing financial stability. Thereby, the study of the content and conclusion that financial stability target should be added into the monetary policy rules is effective.

Reviewing the research content and the process, this book mainly has the following innovation:

Firstly, this book present an idea that the connotation of financial stability can be understood from two "capacity" of the financial system. And based on this, this book advances the definition of China's financial stability index. In the state of financial stability, the financial system has normal ability to fulfill its economic functions and the ability to resist shock to some extent, thereby financial stability index is mean number that can reflects the condition of financial stability in the aspect of the two kind of "ability".

Secondly, for the first time, this book builds the indicator system closely relating to the connotation of financial stability—two kind of "ability". Meanwhile, the indicators selected avoid repeating in the implication and the indicator system avoids being tedious. We introduce the influence direction of each indicator to financial stability in detail. In particular, we consider the question of the data availability when we build the indicator system.

Thirdly, the weight of each indicator is determined according to the influence of the indicator to economic growth. So this book tries to use some econometric model method such as generalized impulse response function method, structural vector autoregression model and state space model and so on to weigh and determine which is the China's Financial Stability Index after testing the three indexes.

Fourthly, the China's Financial Stability Index in this book is not only a representative index, but also pass the lead-lag analysis and test. The results show that this index has leading function for macroeconomic indicators.

Fifthly, in this book, China's Financial Stability Iindex is added to the monetary policy goals. Then we comprehensively study the monetary policy rule which has contained financial stability target for our country. We discover that the monetary policy rule which includes financial stability target has some characteristics that the monetary policy rule which does not contain financial stability target has not. For example, under the state of high inflation, financial stability has a significant influence on interest rates. And at this state, the expansion of the output gap has greater effect on interest rates than under the low inflation, etc.. The different influence of each object variable on interest rate under different conditions can offer more specific guidance for the conduct of monetary policy in practice. In addition, the empirical results show that China's monetary policy significantly includes financial stability target. Also, China's macro-control gradually tends to be adjusted in accordance with the Taylor rule containing financial stability.

目　　录

1 引 言

1.1 研究背景及意义

1.1.1 研究背景

纵观世界经济金融发展史,无论是金融体系不健全的发展中国家还是金融体系相对健全的发达国家,都曾多次爆发金融危机,所以预防金融危机、保持金融系统的稳定是世界各国都需重视的问题。20世纪末至21世纪初发生的金融危机呈现出频率高、影响广以及危害大等新的特点。尤其是在21世纪全球金融自由化和一体化的背景下,一个国家或地区的市场动荡引起的经济动荡会沿着国家(地区)间的金融纽带迅速地蔓延向全球,从而使一个国家金融体系的稳定越来越易受到危机的损害。特别是2008年从美国爆发的全球金融危机,对全球产生了巨大的负面影响,受影响最深的就是金融体系相对不稳定的国家。国际货币基金组织(IMF)2016年10月5日公布的《全球金融稳定报告》中提到,目前全球经济步入了形势更加严峻的时代,金融稳定会受到威胁。

改革开放以后,我国金融业快速发展,在金融体系逐步完善的过程中一直存在着诸多的金融风险因素。加入世界贸易组织开启了我国金融发展的新篇章。虽然存在来自国际大环境的风险冲击的可能，但由于我国具有特别的政治经济体制，在过去很长的一段时间里，我国并未发生真正意义上的金融危机，金融系统整体上处于稳定状态。但随着我国参与全球经济程度的深化，尤其是近年来，我国经济发展开始步入新常态，金融改革仍在不断地深化中。在新形势下，金融风险呈现集聚的状态，金融体系内的高风险和不稳定因素渐渐凸显出来，金融稳定问题日益成为保持我国经济快速、稳定发展的核心和关键，监测金融系统的风险和管理金融系统的稳定成为我国金融市场健康发展的重要课题。例如，2015年我国股市呈现大起大落的走势，这与高杠杆和流动性危机分不开。股市的不稳定反映了我国金融市场仍不健全。2016年10月1日，人民币正式纳入SDR（特别提款权），标志着人民币在国际货币体系中代表权的提升，中国金融体系改革又向前迈进了一步。中共十九大报告重点提到了金融稳定问题，指出要守住不发生系统性金融风险的底线。在不断变化的国际经济形势和不断变革的国内环境下，准确衡量我国的金融稳定情况，有助于我们正确了解我国金融稳定的现状，为决策者和管理人员判断我国金融稳定情况提供参考。

金融稳定的内涵广泛，目前尚无一致的认识，很难通过使用单一指数对金融稳定情况进行概括衡量。我们通过建立指标体系，编制金融稳定指数可以反映金融系统稳定性的综合、平均、动态的变化，此方法已成为量化地研究金融稳定问题的一个热门方法。利用指数可以进行动态地观测，比较不同时期金融系统的稳定性，且指数法实用性较强。然而，当前国内外学者关于金融稳定指数的研究仍未有一致的结论。例如，有关金融稳定的定义存在诸多说法，却未有学者进行梳理和对金融稳定的本质进行研究。2006年，IMF出版的《金融稳健指标编制指南》（简称《指南》）为学者们选取指标提供了参考。但由于统计口径不同,许多指标数据在我国不可获得,使得为构建中国金融稳定指数选取的指标无法直接与国际接轨。如何避免机械地直接引用《指南》,结合我国的国情,选取合理的指标构建金融稳定指数也是亟须解决的问题。

综上所述,我国目前尚缺乏较权威的金融稳定指数,编制可以准确反映我国金融稳定情况的中国金融稳定指数,弥补目前研究中的不足势在必行。本书从界定金融稳定的内涵出发构建指标体系,尝试了多种赋权方法,并进行实证检验分析,旨在构建一支能够较准确反映我国金融系统稳定情况的中国金融稳定指数。除了存在诸多指标在我国不能直接获得的问题之外,《指南》中的指标大多数是滞后指标,而不是先行指标,因而金融稳健指标不能够用于预测,这是金融稳健指标的一个缺点。为了弥补《指南》中金融稳健指标的此缺点,也为了扩展中国金融稳定指数的功能,本书在选取构建中国金融稳定指数的指标时除了考虑与金融稳定紧密相关的指标,也适度考虑了经济指标,希望编制的中国金融稳定指数对宏观经济具有领先能力。

货币政策的制定和实施是国家(地区)通过宏观调控影响经济、金融发展的重要手段。关于我国货币政策操作应该相机抉择还是应该规则化的问题,目前学者们已基本达成共识,认为相机抉择会增加政策效果的不确定性,使政策本身成为经济和金融不稳定的一个来源。我国货币政策的制定和实施应该由相机抉择为主向由规则化为主转变。泰勒规则通过关注通货膨胀和产出两个目标变量来调整利率。已有的研究也表明,泰勒规则能够较好地拟合我国的利率走势,遵循泰勒规则进行货币政策的调控已成为大势所趋。但长久以来,货币政策规则中涉及的政策目标主要是物价稳定和经济增长,金融稳定并没有被列为泰勒规则的调控目标,这主要是因为物价稳定与金融稳定在过去普遍被认为是一致的,货币政策规则关注了物价稳定,就不再需要关注金融稳定。但是,近年来盯住通货膨胀和产出两个货币政策目标,按照规则进行宏观调控并不足以确保金融稳定。特别是,在2008年之前,世界经济进入了空前繁荣的时期,经济的高速增长和低通货膨胀是这段时期最显著的特征。此时,以物价稳定为目标的货币政策框架使得货币当局对物价稳定时的经济繁荣过分乐观,从而忽视了潜在的风险积累,无形中忽略了金融的不稳定。近年来,多次金融危机是在低通货膨胀环境下发生的事实说明了在新形势下的物价稳定并不意味着金融稳定,也就是说,传统的基于物价稳定目标的货币政策规则已不能满足通过货币政策达到稳定经济和金融的要求。此外,在理论上,由于货币政策和金融稳定之间具有内生性关联,货币政策会通过多种途径影响金融稳定,货币政策本身的实施过程也会最终传递至金融稳定的表现上。中共十九大报告已明确提出"健全货币政策和宏观审慎政策双支柱调控框架"(以下简称"双支柱"),目标就是维持币值稳定和金融稳定。在实际中,基于宏观审慎框架维护金融稳定还处于初级阶段,效果有待检验,且不易实施,在维护金融稳定方面还需要货币政策的支持。所以,维护金融稳定可以从货币政策入手,货币政策规则应增加对金融稳定目标的关注。2008年爆发的全球金融危机,使两个问题被高度重视:一是各国中央银行应根据一定的货币政策规则制定货币政策,避免货币政策制定的随意性;二是各国中央银行需要更加重视金融稳定问题。为了解决这两个问题,国际上的学者意识到货币政策规则中需加入金融稳定目标。关于此问题,国内外权威机构和权威人士于近期不断提及。2015年6月,国际清算银行公布的年度报告中明确指出,为了解决价格稳定和金融稳定之间的冲突,除了物价稳定目标,各国中央银行应考虑如何将金融稳定目标也作为其货币政策目标。我国中央银行前行长周小川2016年6月24日在国际货币基金组织中央银行政策研讨会上的发言主题即为"把握好多目标货币政策"。他在发言中提到,鉴于当前中国经济转轨出现的各种金融问题,实行单一的物价稳定目标制不太现实,同时维护金融系统的稳定也是非常重要的。

中央银行在制定货币政策时将金融稳定纳入货币政策目标具有重要的现实意义:第一,将金融稳定纳入货币政策目标中,解决了物价稳定与金融稳定在新形势下不一致的问题,有利于改善传统的物价稳定和产出目标无法预防金融危机发生的情况,为"双支柱"的构建奠定了基础;第二,在货币政策的规则化调控中重视金融稳定目标,可以利用金融稳定与货币政策间的关系对现实中货币政策的制定和实施提供理论性的指导,有利于我国货币政策操作的规则化;第三,将金融稳定目标纳入货币政策规则中,也将中央银行的两大职能——制定和执行货币政策、维护金融稳定有机地联系在了一起。中央银行在制定货币政策时应如何考虑金融稳定目标已成为宏观调控中亟待解决的问题,本书在此方面的主要研究内容有:从理论上说明金融稳定是否可以纳入货币政策目标,应以何种形式将金融稳定加入货币政策反应函数中,以及这会导致货币政策规则产生怎样的变化。此外,本书还借助历史数据,考察了我国货币政策是否关注了金融稳定目标,以及我国金融稳定与货币政策的关系如何等问题。

1.1.2 研究意义

关注金融稳定的主要原因在于金融不稳定的严重后果。简而言之,金融的稳定关系到一个国家政治、经济、社会的稳定。国际上,在全球金融自由化和一体化浪潮不可逆转的形势下,金融风险的累积速度以及金融危机的危害发生着前所未有的变化。在国内,我们的国家仍然肩负着艰巨的发展任务,而宏观经济和金融形势近年来已发生巨大的变化,同时,中国的金融改革及金融开放政策也对金融稳健性有着更高的要求。如何在复杂的形势下,避免外部冲击和内部冲击对金融体系的影响,保持金融市场的稳定性,是我国当前面临的重要现实问题。本书旨在通过编制和应用中国金融稳定指数来研究我国的金融稳定情况,有着重要的理论意义和广泛的应用价值。

第一,有助于丰富关于金融稳定研究的理论内容。虽然目前关于金融稳定已存在大量的研究,但许多问题依然没有定论。比如,关于金融稳定的内涵和本质,关于如何更好地评价金融稳定以及关于金融不稳定的理论等。本书对以上问题进行了系统的研究,对充实金融稳定研究的理论框架,具有一定的理论意义。

第二,有助于完善中国金融稳定指数构建的理论宝库。关于金融稳定的量化研究,国外起步早于我国。IMF 自 1999 年开始探索构建金融稳健指标,并在 2006 年正式出版了《指南》。随后,国外一部分学者以此为基础进行了金融稳定指数的编制研究。在 21 世纪初,国内开始有较多学者注重编制金融稳定指数的研究,至今已取得了许多研究成果。但在研究进展上,国内的研究工作仍滞后于国外。结合我国的国情,编制中国金融稳定指数仍存在很大的研究空间。本书对编制中国金融指数进行系统性的研究,有助于完善中国金融稳定指数构建的理论宝库。

第三,可以为管理者、决策者和投资者及时准确地了解我国金融稳定的现状提供参考。当前,金融是否稳定影响经济的发展,是金融市场健康与否的重要表现。金融稳定指数可以及时反映一个国家金融稳定的现状,编制一支能够较准确反映我国金融稳定状况的指数可以为管理者、决策者及投资者提供合理的参考。

第四,有助于预防金融危机。金融不稳定与金融危机的含义不同。金融稳定是建立在某些均衡状态基础上的,当均衡被打破,并且持续在一个较高的程度,金融不稳定才可能会转变为金融危机。金融危机是金融不稳定的一个可能结果,金融不稳定是金融危机的必要非充分条件。

因此,金融不稳定是金融危机的前一个阶段,衡量金融稳定有助于预防金融危机。

第五,可以为了解宏观经济运行情况提供一个先行指标。本书在构建、评价金融稳定情况的指标体系时,不仅选择了金融类的指标,还考虑到金融与宏观经济的关系,选择了合适的经济指标,编制的指数包含了能够反映未来宏观经济发展情况的信息,可以为政策制定者和投资者判断以及把握未来宏观经济形势提供参考依据。

第六,可以扩大金融稳定的应用范围。金融稳定可以通过货币政策影响经济。目前,国内外学者开始研究将金融稳定纳入货币政策目标,并认为将金融稳定以指数的形式加入货币政策反应函数中是较为合适的。借助本书构建的中国金融稳定指数,可以从量化的层面更好地研究此问题,并为“双支柱”的构建奠定基础。

1.2　研究思路、研究框架及主要创新点

1.2.1　研究思路

针对目前国内外有关金融稳定的研究现状和不足之处,基于统计指数的基本理论,本书在把握金融稳定内涵的基础上编制一个能够反映我国金融稳定实际情况的中国金融稳定指数,并研究此指数对主要宏观经济指数的预测能力。本书将编制的中国金融稳定指数作为金融稳定的代表,将其纳入货币政策反应函数,研究我国金融稳定与货币政策的关系。本书的研究思路如下所述。

第一,本书对当前的诸多金融稳定定义进行了梳理,对金融稳定的内涵进行了界定。本书从“能力”的角度界定金融稳定的内涵,认为金融稳定表明金融系统具备正常履行其经济职能的能力且金融稳定

还意味着金融系统具有抵御一定外部冲击的能力,即在金融稳定的状态下,金融系统具有两种"能力"——"正常履行其经济职能的能力"和"抵御一定外部冲击的能力"。然后围绕金融稳定的内涵——两种"能力"选取评价指标,同时考虑到金融系统与宏观经济的关系,选入适当的经济指标,形成指标评价体系。关于权重的选取,本书在国内外研究成果的基础上,使用客观赋权方法,从金融与宏观经济关系的角度出发,选择基于计量模型的赋权方法,具体有广义脉冲响应函数法、结构向量自回归模型法等固定权重赋权方法,以及基于状态空间模型的赋权方法。对得到的三个指数进行比较检验,确定最优的指数为中国金融稳定指数。

第二,本书对中国金融稳定指数的领先能力进行了检验。本书编制的中国金融稳定指数除了具有表征功能外,还具有领先能力,能够成为宏观经济指数的领先指数,对宏观经济具有预测功能,为宏观调控提供了一种量化的参考工具。本书选取的相关宏观经济指数有GDP指数、宏观先行合成指数、宏观一致合成指数、宏观滞后合成指数、工业生产者出厂价格指数五个指数。本书先将最终确定的中国金融稳定指数与五个指数分别进行趋势图的经验分析,再使用交叉谱分析得到准确的领先、滞后关系和期数,最后应用交叉谱分析结果的自检验和时差相关系数分析,对领先、滞后结果进行检验,确保结果的稳健性。

第三,本书将编制的中国金融稳定指数作为金融稳定的代表指数,将其纳入货币政策反应函数,研究我国金融稳定目标下的货币政策规则。首先,说明了将金融稳定目标纳入货币政策规则的必要性,以及金融稳定被纳入货币政策反应函数的恰当形式是指数形式。通过应用平滑转换模型研究,发现了加入金融稳定目标的货币政策规则具有不包含金融稳定目标的货币政策规则所不具备的非线性特征。例如,在通货膨胀程度高的经济条件下,金融稳定度会显著地影响利率;产出缺口的扩大对利率的影响比在通货膨胀程度低的经济条件下更大等,这可以为不同的经济环境条件下货币政策的实施提供更有针对性的指导。此外,应用状态空间模型研究,发现我国货币政策的制定显著地关注了金融稳定,并呈现出参照含有金融稳定目标的泰勒规则进行调整的趋势。

1.2.2 研究框架

按照研究思路,本书共设六章。各章主要内容介绍如下。

第1章为引言。主要介绍研究的背景、研究的意义,说明研究思路、研究框架并介绍本书的主要创新点。

第2章为国内外研究现状评述。主要包括三节的内容,2.1是关于金融稳定的内涵及评估方法的评述。其中,金融稳定的内涵部分介绍了两类定义法——正面定义法和反面定义法。此外,介绍了金融稳定的三种评估方法——早期预警系统、压力测试法和综合指数法。2.2是关于金融稳定指数的编制现状及编制理论的评述,即对国内外编制金融稳定指数的现状进行评述。在此基础上总结出金融稳定指数的编制理论,主要包括指数的功能定位、指数的计算方法、指标体系的构建、数据预处理、赋权方法以及指数的计算频率等方面的内容。2.3是对当前研究中存在的问题的总结,包括金融稳定指数在编制方面和应用方面的不足。

第3章为金融稳定的理论研究。主要介绍金融不稳定产生的基本理论,包括马克思、明斯基、金德尔伯格的金融不稳定理论以及经济周期中的金融不稳定理论。介绍了金融稳定与通货膨胀、金融稳定与房地产价格、金融稳定与政府绩效、金融稳定与货币量等宏观经济变量间的关系。金融稳定和宏观经济间密不可分的关系也为本书构建指标体系时选取宏观经济指标提供了一定的理论基础。此外,为了给后续实证部分研究加入金融稳定目标的货币政策问题提供理论支撑,本书在此章对金融稳定与货币政策关系的相关理论进行了介绍,包括货币政策规则、货币政策规则的非线性特征、金融稳定目标与原有的物价稳定目标间的联系、金融稳定与货币政策关系的理论,以及关于将金融稳定目标加入货币政策规则的具体形式的研究。

第4章为中国金融稳定指数的编制及实证检验。4.1是中国金融稳定指数的编制,在此部分对金融稳定的内涵进行了界定并提出了中国金融稳定指数的定义。同时,紧扣金融稳定的内涵,并考虑到金融稳定与宏观经济的紧密联系,选取第3章3.2中介绍的宏观经济指标,将其与金融指标共同构成中国金融稳定指数的指标体系。本章介绍了三种计量模型赋权法,具体为:广义脉冲响应函数法、结构向量自回归模型法和状态空间模型法,分别使用这三种赋权方法各合成一个指数。4.2是中国金融稳定指数的实证检验,通过描述性统计分析、相关性检验、差异性检验和与宏观经济指标的动态相关性检验确定最终的中国金融稳定指数。

第5章是中国金融稳定指数的应用研究。具体包括中国金融稳定指数与主要宏观经济指数之间的领先、滞后关系分析以及中国金融稳定指数与货币政策的关系研究。在实证中应用趋势图的经验分析、交叉谱分析来研究中国金融稳定指数的领先能力,并应用交叉谱分析结果的自检验和时差相关系数分析法检验领先、滞后结果的稳健性。领先、滞后分析丰富了中国金融稳定指数的功能。本章将金融稳定纳入货币政策反应函数后,使用平滑转换模型研究加入金融稳定目标的货币政策规则的非线性特征,应用状态空间模型研究我国货币政策随时间变化的时变特征。研究加入金融稳定目标的货币政策规则可以为现实中货币政策的实施提供理论性的指导。

第 6 章为结论、建议及展望。本章总结了金融稳定的内涵、在编制中国金融稳定指数和实证分析过程中获得的主要结论,提出了有针对性的意见、建议,并给出了此后进一步研究的方向。

1.2.3　主要创新点

目前许多研究中存在的很多问题会对指数的表征效果及指数的应用效果造成影响,而本书努力解决了这些问题。具体地,本书的亮点和创新主要有如下几点。

第一,本书鲜明地提出了对金融稳定的内涵可以从金融系统需具备两种"能力"的角度去理解的观点,并在此基础上提出中国金融稳定指数的定义。认为在金融稳定的状态下,金融系统具备能够正常履行其经济职能的能力以及抵御一定外部冲击的能力,而金融稳定指数是能够在两种"能力"上体现我国金融稳定情况的平均数。

第二,本书首次紧扣金融稳定的内涵——两种"能力"构建指标体系,所选指标体现的经济含义不重复,避免了指标体系过于烦琐,详细说明了各指标对金融稳定的影响方向。同时,考虑了数据的可得性,使构建的指标体系有较强的实用价值。

第三,本书根据各指标对经济增长的影响确定权重,尝试基于广义脉冲响应函数、结构向量自回归模型以及状态空间模型等多种计量模型的赋权方法,并对得到的指数进行检验,确定最终的中国金融稳定指数。

第四,本书构建的中国金融稳定指数不仅是表征指数,还通过了领先、滞后关系进行分析和检验,表明其对我国宏观经济指数具有领先能力。

第五,将本书构建的中国金融稳定指数加入货币政策目标中,发现了加入金融稳定目标的货币政策规则具有不包含金融稳定目标的货币政策规则所不具备的非线性特征。例如,在通货膨胀程度较高的经济条件下,金融稳定度会显著地影响利率,产出缺口的扩大对利率的影响比通货膨胀程度较低条件下的更大等,这可以为不同经济环境条件下货币政策的实施提供更有针对性的指导。此外,应用近年来的数据研究我国货币政策的时变特征,发现我国货币政策的制定显著地关注了金融稳定,并且呈现出参照含有金融稳定目标的泰勒规则进行调整的趋势。

2 国内外研究现状评述

研究金融稳定问题,首先,要清楚金融稳定的内涵,这就涉及对金融稳定定义的理解。关于金融稳定,当前还没有统一的定义,本章对国内外的定义进行梳理和总结。其次,要对金融稳定程度进行衡量就涉及评估方法,目前关于金融稳定的评估方法主要有三种——早期预警系统、压力测试法以及综合指数法。其中,综合指数法以其不可取代的优点被广泛地研究和应用,本章对金融稳定指数的编制现状进行综述并形成编制金融稳定指数的一般理论。最后,在了解国内外研究现状的基础上总结当前研究存在的主要问题。具体内容包括:2.1 介绍关于金融稳定内涵的研究现状以及金融稳定的三种评估方法;2.2 介绍金融稳定指数的编制现状以及编制金融稳定指数的一般理论;2.3 总结目前研究中存在的主要问题。

2.1 金融稳定的内涵及量化评估方法的评述

2.1.1 金融稳定的内涵评述

目前,金融稳定还没有被一致认可的定义。国内外学者的相关阐述大致有两类:一类是从正面直接阐述金融稳定的特征和功能;另一类是从反面——金融不稳定的角度进行阐述。

2.1.1.1　正面定义法

瑞典中央银行于 1998 年率先将金融稳定定义为：整个支付体系安全有效运行。欧洲中央银行（ECB）Duisenberg（2001）认为，关于金融稳定的共识是，在金融稳定的状态下，金融体系的各部分能很好地履行其经济职能。挪威中央银行（2003）指出，金融稳定是指金融体系能够不受实体经济部门的干扰，能够履行中介资金交易、开展支付清算、分散风险等职能。ECB 的 Tommaso Padoa-Schioppa（2003）认为，金融稳定是指金融体系能够抵御经济冲击，继续履行调动储蓄投向高效率的部门以及支付清算等职能。Foot（2003）的定义侧重于相对价格变动的重要性。他认为，金融稳定意味着币值稳定，就业水平接近自然失业率，金融系统的运行良好，没有房地产或金融资产的相对价格变动来破坏币值稳定和就业水平。IMF 的研究人员 Houben 等人（2004）明确提出，在金融稳定状态下，金融体系在各种经济活动中以及资源跨期配置中的资源分配是有效的，能够有效评估和管理金融风险并能够吸收冲击。Schinasi（2004）指出，广义上，可以从金融体系的能力方面来考虑金融稳定性，稳定的金融系统一方面能够促进经济的发展和财富的积累；另一方面能够减少、遏制和处理突发的不平衡事件。他认为，金融稳定性通常是根据它促进经济运行、风险管理以及吸收冲击的能力来界定的。Jan Willem van den End（2006）也提出了这样的观点：金融稳定是指在正常的条件下金融系统的良好运行，为了达到这样的目的，编制的金融稳定指数不仅要能够反映抗冲击力，还要能够反映金融系统的功能，主要是储蓄媒介、投资、定价以及风险管理的功能。德意志联邦银行执行董事荷曼·瑞斯勃格（2007）认为，金融稳定是指金融体系有效履行其主要职能的能力，即在配置资源、分散风险、支付结算及证券交易结算方面的能力，即使在市场压力下或是结构调整阶段，这些职能也应能被平稳履行。Daniela Zapodeanu 和 Mihail-Ioan

Cociuba(2010)沿用了 ECB 的观点,认为金融稳定需要金融系统的主要组成部分——金融机构、金融市场和金融基础设施作为整体,可以吸收负面影响;金融系统需要在借、贷者之间有效地完成资源配置;金融风险能够被有效地评估和控制。奥地利中央银行(OeNB)在 2012 年提到,金融稳定可以定义为一种状态,在这种状态下,金融系统有保证资源有效配置的能力以及即使遇到金融不平衡或冲击的发生,金融系统仍能完成它主要的职能。Albulescu(2013)认为,金融稳定代表了包括银行、外汇市场的金融市场的稳定。我国中央银行在 2005 年也从正面定义了金融稳定,认为在金融稳定状态下,金融系统可以发挥其关键职能。之后,有国内学者参考中央银行的定义,如周海欧和肖茜(2015)在我国中央银行定义的基础上理解金融稳定的内涵,从金融稳定的表现和抵御冲击的能力两个方面选取相关的金融指标,并基于金融稳定和宏观经济之间的密切关系,选取了相关的经济指标,共同构成评价指标体系。

2.1.1.2 反面定义法

金融不稳定会对经济造成恶劣影响,从金融稳定的反面——金融不稳定进行研究,突出强调了这种严重的后果。Crockett(1996)认为,若不发生金融不稳定就是金融稳定。当实体经济受到诸如资产价格剧烈波动或金融机构倒闭的负面影响时会产生金融不稳定。这种说法让我们认识到以下几点:一是金融不稳定会对实体经济部门产生影响;二是危害的表象并没有完全反映潜在的危害,不应低估金融不稳定的影响;三是需要关注的金融机构不应仅仅局限于银行,影响支付体系的金融机构都应该被关注。Mishkin(1999)认为,金融不稳定源于金融体系受到冲击后,不能正常履行资金配置的能力。Bernanke 和 Gertler(1999)关注金融不稳定对资产价格造成的影响,指出金融不稳定使资产价格运行脱离了实体经济基本面,最后价格必然突然反转甚至崩盘。前美联储董事会主席 Ferguson(2002)从实用的角度认为,金融不稳定是一种具有以下三种特征的状态:一是资产价格存在严重偏离基本价值的情况;二是国内或国际的市场运行和信贷有效性已明显扭曲;三是经济的总支出明显偏离或即将偏离经济的生产能力。Chant(2003)强调,在金融不稳定状态中,金融体系的正常运作受到破坏,不能正常发挥融资功能,使实体经济受到负面影响,使家庭、企业和政府的财务状况恶化。

整体上,国外学者对金融稳定的研究较为深入,但定义的形式过多,内容分散,目前还没有学者对这些定义进行梳理并总结金融稳定内涵的本质。国内学者缺乏对金融稳定内涵的研究,构建的金融稳定评价指标体系缺乏一定的理论基础,呈现出一定程度的随意性,不能全面反映我国金融稳定的现状。

金融风险、金融危机与金融稳定是联系紧密又难以区分的概念。一般地,金融风险是指金融行为主体面临的不确定性,金融风险是客观存在的,包括系统性风险和非系统性风险。其中,系统性风险是金融危机的罪魁祸首。金融危机是指金融体系出现了严重困难,金融市场呈现崩溃的状态。金融风险的存在并不意味着存在金融不稳定和金融危机,金融稳定意味着金融系统具有一定的吸收外来冲击的能力,而金融危机是金融不稳定的一个可能结果,金融不稳定是金融危机的必要非充分条件。

2.1.2 金融稳定的量化评估方法评述

关于金融稳定的量化评估方法主要有早期预警系统、压力测试法和综合指数法。

2.1.2.1 早期预警系统

早期预警系统主要关注金融危机的发生条件并运用预警模型对

危机进行预测,其主要用处是对金融危机进行提前识别。早期预警系统通常用金融困境指数来衡量金融困境是否出现,金融困境指数是二值变量,且多是通过门限值或多元回归模型等简单明了的方法将解释变量转化而来。但是使用此指数预警准确率较低,所以后来开始使用几个信贷或与资产价格相关的指标作为早期预警指标。这是基于金融不稳定理论而考虑的。信贷的过度扩张和资产价格的快速上涨很可能是金融不稳定的体现,这往往是即将发生金融危机的一个特征。例如,Borio 和 Lowe(2002)研究了信贷和资产价格指标对银行危机的预测能力,发现持续而快速的信贷增长和资产价格大幅增加能较好地预测金融不稳定。Borio 和 Drehmann(2009)在预警指标中增加了房地产价格,研究了房地产价格缺口、股票价格缺口和信用缺口的预测能力,发现这些变量同时超过阈值可以作为金融系统的风险信号。更多的相关研究可见 Gerdesmeier 等(2009),Alessi 和 Detken(2011)。

　　早期预警系统主要关注货币危机和银行危机。1997 年东南亚金融危机之后,早期预警系统的模型得到了扩展,主要有非参数型模型和参数型模型。通过介绍参数型模型可以大致了解早期预警系统,此模型已较为成熟,它试图利用 Probit 方法或 Logit 方法等离散变量计量法来估计金融危机的发生概率。以面板数据为例,通常被解释变量被假定为一个隐含变量 y_{it}^{*},y_{it}^{*} 由式(2.1)的回归方程确定:

$$y_{it}^{*} = \beta' x_{it} + \varepsilon_i + \mu_{it} \qquad (2.1)$$

其中,x_{it} 表示解释变量,β 表示参数向量,ε_i 表示特定地区效应,μ_{it} 表示随机误差项。i 表示地区,t 表示时期。由于 y_{it}^{*} 不可观测,可以通过定义式(2.2)确定:

$$y_{it} = \begin{cases} 1, & \text{如果 } y_{it}^{*} > 0 \\ 0, & \text{其他情况} \end{cases} \qquad (2.2)$$

由式(2.1)和式(2.2)可得 y_{it} 的条件概率为：

$$\text{Prob}(y_{it}=1)=\text{Prob}(\mu_{it}>-\beta'x_{it})=1-F(\beta'x_{it})=F(\beta'x_{it})$$

$$(2.3)$$

Probit 模型假定 $F(\beta'x_{it})$ 由标准正态累计分布函数 $\Phi(\beta'x_{it})$ 描述，即：

$$\Phi(\beta'x_{it})=\frac{1}{\sqrt{2\pi}}\int_{-\infty}^{\beta'x_{it}}\exp\left(-\frac{z^2}{2}\right)\mathrm{d}z \qquad (2.4)$$

其中，z 表示 $\beta'x_{it}$ 经均值-标准差标准化后的值。

Logit 模型假定 $F(\beta'x_{it})$ 遵循逻辑累积分布函数 $\Omega(\beta'x_{it})$：

$$\Omega(\beta'x_{it})=\frac{e^{\beta'x_{it}}}{1+e^{\beta'x_{it}}} \qquad (2.5)$$

在具体的操作过程中，首先需要确认危机事件。假定危机窗口设定为 24 个月，那么，对于危机事件发生前 24 个月内的所有月份，因变量均取值 1，其他情况取值 0。在这种情况下，$\text{Prob}(y_{it}=1)$ 表示金融危机在未来 24 个月内发生的概率值。其次是选择合适的解释变量。解释变量是否妥当，对结果具有决定性影响，面对多个指标，选择解释变量的标准一般是各个指标的系数显著性和伪 R^2。解释变量的选择具有一定的主观性和不确定性，不同的研究者选择的解释变量可能差异较大，这也是早期预警系统的模型中变化较大的部分。最后是评估模型的效果。上述模型用于对每个时期后面一段时间内（如此处的 24 个月）危机发生的概率进行估计。如果估计的概率大于事先给定的临界值，就是发出了危机信号。此时，有两种可能的结果：若在未来 24 个月内危机确实发生了，那么发出的是正确信号，否则发出的是错误信号。同理，若在未来 24 个月内危机没有发生，那么，"没有预警信号"就是正确的,否则就是错误的。

如果令:

$$P(危机发生 \mid 发出信号) = A$$

$$P(危机未发生 \mid 发出信号) = B$$

$$P(危机发生 \mid 未发出信号) = C \qquad (2.6)$$

$$P(危机未发生 \mid 未发出信号) = D$$

根据上文所述,对于早期预警系统的模型,应尽量最大化 A, D,并最小化 B, C。

关于早期预警系统的模型的预测能力,一些模型有较好的事后预测能力,却几乎没有一个模型有良好的危机事前预测能力。Frankela 和 Rose(1996)是早期预警系统中预测货币危机模型的代表,Furman 和 Stiglitz(1998)使用此模型计算了东南亚国家 1997 年金融危机发生的概率,分别为:菲律宾 6.1%、泰国 5.8%、马来西亚 4.8%、印度尼西亚 4.5%,均低于危机无条件概率 7%。这至少说明 Frankela 和 Rose 的模型对预测 1997 年东南亚金融危机是基本无效的。对此,Furman 和 Stiglitz(1998)认为:"大部分以历史关系为基础,试图在宏观变量、资本流动数据和货币危机之间建立预测关系的模型都无法预测东南亚金融危机——事实上,在东南亚金融危机爆发前,这些国家的经济指标也并不令人担心。"对于银行危机的预测情况也是如此,Demirguc-Kunt 和 Detragiache(1998)是早期预测银行危机模型的代表,他们也对 1997 年东南亚金融危机进行了评估,结果发现每个国家的预测概率均低于危机无条件概率 4.7%,另外还发现在对危机预测最为重要的因素中,很多因素的模型预测值与实际情况显著不符,这都说明此模型在预测危机上的可应用性十分弱。

总体来看,金融危机的早期预警模型在预测方面并不能令人满意,或是测不到价格泡沫,或是错误地预警价格泡沫的概率较大(Gerdesmeier 等,2009,Alessi 和 Detken,2011)。特别地,对于 2008 年的全球金融危机,此前几乎没有哪个国家或哪家机构通过早期预警模型发出过明确的危机信号。实际上,金融危机是一个非常复杂的现象,它爆发的时点会受到诸多随机事件的影响,这也从根本上决定了任何旨在精确预测金融危机时点的建模努力都必会面临巨大的困难。

2.1.2.2　压力测试法

压力测试最早是为了克服 VAR 等风险计量模型的缺陷而发展起来的,它基于金融与宏观经济的联系,分析宏观经济变量对金融稳健性的影响,主要针对金融系统的极端情况来测试其对金融稳定的影响,重点考虑了极端事件风险。IMF 和世界银行(WB)在 2003 年《FSAP 分析工具》一文中对压力测试法的使用进行了详细总结,利用压力测试法从利率风险、汇率风险、信用风险、商品价格风险、流动性风险、股价和房地产价格风险、其他风险等七个方面评估了 28 个成员单位的金融风险,并指出了应在金融监管、基础设施、政策透明性等三个方面确立国际准则。压力测试法主要关注金融方面,重点进行宏观经济冲击的分析,这是此法的显著特点。20 世纪 90 年代以来,随着金融稳定问题越来越受到各国的重视,宏观压力测试开始发展并被国际清算银行(BIS)、IMF、WB 以及各国中央银行应用。发展至今,宏观压力测试主要应用于银行间市场以及信贷衍生品市场的内生性风险和非线性影响等领域,相关研究可见 Sorge(2004)、Goodhart(2007)等。

宏观压力测试模型可分为外生型和内生型两种类型,两种类型的主要区别在于是否包含金融系统及解释变量的反馈作用。其中,外生型模型可由式(2.7)表示:

$$pd_t = g(x_1, x_2, \cdots, x_n) + \varepsilon \qquad (2.7)$$

其中，pd_t 表示 t 期内的违约率[①]，自变量 $X = (x_1, x_2, \cdots, x_n)$ 是一组宏观经济变量。

外生型模型暗含的一个假定是，宏观经济变量和违约率之间的关系是固定不变的，但这与历史事实不符，特别是在经济繁荣期和衰退期，这个假定很难成立。为了解决这个问题，内生型模型则假定经济变量在不同时期是有差异的，一个典型代表是向量自回归模型：

$$Z_{t+1} = \alpha_t + \sum_{j=1}^{p} \beta_j z_{t+1-j} + \varepsilon_{t+1} \qquad (2.8)$$

其中，α_t 表示常数向量，β_j 表示系数矩阵，ε_{t+1} 表示残差（冲击），z 表示内生向量。在应用的过程中，此模型存在一个潜在的问题，就是时滞的选择会对模型估计的有效性产生很大的影响，时滞太大，可能丧失自由度，时滞太小，又易遗漏一些重要的相关关系。

具有代表性的是 Wilson 于 1997 年提出的宏观压力测试模型，该模型是一个多元回归模型，解释变量是宏观经济变量，被解释变量 Y 是通过 Logit 模型由违约率转化而来的宏观综合指标，具体如下：

$$y_t = \ln\left(\frac{1 - PD_t}{PD_t}\right), \ (t = 1, 2, 3, \cdots, N) \qquad (2.9)$$

$$y_t = \alpha_0 + \alpha_1 X_1 + \cdots + \alpha_{1+m} X_{t-m} + \beta_1 y_{t-1} + \cdots + \beta_n y_{t-n} + \mu_t \qquad (2.10)$$

$$X_t = \phi_0 + \phi_1 X_{t-1} + \cdots + \phi_p X_{t-p} + \phi_1 y_{t-1} + \cdots + \phi_q y_{t-q} + \varepsilon_t \qquad (2.11)$$

---

① 违约率常用来衡量违约风险或信用风险。

其中，PD 表示平均违约率，X 表示宏观经济变量。将违约概率值代入式(2.9)，可以得到 Y 的估计值 y_t，再将 Y 的估计值 y_t 代入式(2.10)，可得到各个系数的估计值。在进行压力测试时，式(2.10) 可被看作是基准方程，对于一个设定的压力情景，将解释变量值代入式(2.10)，便可得到此情景所对应的 $Y(y_t)$ 值，再通过式(2.9) 可得到对应违约概率的估计值。式(2.11) 除了可以解决可能存在的滞后性和序列相关性问题，还引入 Y 的前期值来反映经济与金融体系之间的交互作用，考虑到了金融体系对宏观经济的反馈效应。

在宏观压力测试的建模过程中，需要选取宏观经济变量作为解释变量，而关于宏观经济变量的选取会呈现出一定的主观性和不确定性，在数量上也会有很大的差异，这样会影响模型的效果。其中，普遍会包括的宏观经济变量主要有 GDP 增长率、通货膨胀水平、利率、汇率和资产价格等。Jones，Hilbers 和 Stack(2004)归纳的压力测试的程序主要是：指出所关注领域的特定潜在风险，构建相应的压力情境模式，将压力情境对应为金融机构可以分析的形式，进行数值分析，考虑其他间接影响，归纳总结及结果分析。其中压力情境的构建，或者通过观察历史的压力情境变量趋势来确定，或者以当前研究成果为参考人为主观地进行设定。一般地，可将模拟的压力情境引入蒙特卡罗压力测试分析中，先预测压力情境，再将预测值作为模拟的压力情境的假设值。这样的做法，不仅便于将模拟的压力情境下的压力测试结果和假设性压力情境下的结果进行比较分析，还在一定程度上具有客观性，避免了主观随意性。宏观压力测试的特点涉及整个系统，可以根据影响违约率的因素事先设定压力情境，且可以根据信贷周期的实际状况来确定具体的因素，这样，政府相关部门可以识别与周期相关的风险，之后，宏观压力测试的结果可以用于校准资本要求。

从以上介绍中还可以看到，宏观压力测试可以用于校准资本要求,但对技术和信息的要求比较高。但是,目前还尚未确定能为宏观审慎提供坚定的判断基础的合适的宏观经济指标,所以,宏观压力测试也不能被视为校准资本要求的唯一方法,其结果只能作为一个参考,同时应该关注其他方面的信息,以更全面地考虑此问题。

2.1.2.3　综合指数法

金融稳定的内涵是多方面的,很难用单一指标进行衡量,因而逐渐出现了使用包含多个指标的综合指数对金融稳定进行度量的方法。早在 1999 年,IMF 开始探索使用多个基础指标来评估一个国家的金融稳健性。2004 年,IMF 对基础指标作了进一步改进和完善,并于 2006 年正式出版《指南》,《指南》现在已成为欧洲中央银行和国外许多学者进行金融稳定指数研究的基础,具有较高的权威性。IMF 金融稳健指标共 39 项,包括核心指标和推荐指标,详见表 2.1。其中,核心指标主要是存款机构的各项财务比率指标,共 12 项;推荐指标主要包括存款机构、其他金融机构、非金融企业部门、家庭部门、市场流动性及不动产市场等 6 类相关指标,共 27 项。

编制金融稳健指标的主要目的是监测金融机构、金融市场及公司和家庭部门的健康和稳健程度,进而对金融体系的整体稳健程度作出判断。IMF 的金融稳健指标是一种关于金融体系稳健性的直接衡量标准,但金融稳健指标并不适用于预测金融危机,主要是因为金融稳健指标的历史数据有限,这就使得它们在实际预测金融危机方面用处不大,并且,很多金融稳健指标如不良贷款率、资本充足率等,都属于金融稳健程度的同步或滞后指标,而不是先行指标。由于对金融体系状况的描述性统计存在滞后性,金融稳健指标最多是金融稳健程度的同步指标,无法成为先行指标。当然,金融稳健指标是一种关注一个国家金融体系风险和脆弱程度较简单和直观的指标,可以作为早期预警模型的补充。

表 2.1　IMF 金融稳健指标

核心指标	
资本充足率	监管资本/风险加权资产;监管一类资本/风险加权资产;不良贷款扣除拨备后的净额/资本
资产质量	不良贷款/贷款总额;部门贷款分布/贷款总额
营利性	资产回报率;权益回报率;净利息收入/总收入;非利息费用/总收入
流动性	流动资产/资产总额;流动资产/短期负债
市场风险敏感度	外汇净头寸/资本
推荐指标	
存款机构	资本/资产;大额风险暴露/资本;地区贷款分布/贷款总额;衍生金融品总资产头寸/资本;衍生金融品总负债头寸/资本;交易性收入/总收入;人事费用/非利息费用;存贷款利差;银行拆借最高及最低利率的利差;客户存款/放款总额(不含同业拆借);外币计价贷款/贷款总额;外币计价负债/负债总额;股权净头寸/资本
其他金融机构	资产/金融体系资产总额;资产/GDP
非金融企业部门	负债总额/净值;净值报酬率;盈余/借款本息支出;净外汇风险暴露/净值;申请破产保护的数量
家庭部门	家庭部门负债/GDP;家庭部门借款本息支出/收入
市场流动性	证券市场平均买卖价差;证券市场日平均周转率
不动产市场	房地产价格;房地产贷款/贷款总额;商业地产贷款/贷款总额

　　指数将多种因素综合为一个相对数,从整体上反映一个复杂经济现象的平均变动情况,能够体现综合性、平均性,具有很强的应用价值。所以,在金融稳健指标体系的基础上,考虑编制综合的金融稳定指数以评估金融稳定性逐渐成为一个受欢迎的新方法。一般地,综合的指数具有以下几点作用。

　　第一,指数最基本的作用是表征,即可以从整体上反映一个复杂经济现象的情况。一般来说,任何一个经济现象都是受到众多因素的影响而形成的。而通常情况是,不是每个因素的变化对经济现象造成的影响程度和方向都相同,所以研究此类复杂现象时在总体情况分析上存在难度,指数可以很好地解决此困难。此外,组成指数的个别指标可以性质不同或量纲不同,编制指数还可以将不具有可比性、不能直接相加的指标过渡为可对比、可相加的指标。

第二,通过编制时间序列的指数序列,可以反映经济现象随时间变化的变动趋势和变动程度。编制连续的动态指数序列,可以对某经济现象的发展趋势进行长时间的观察和分析。此外,还可以与相互联系的指数序列进行相关对比分析,得到更广泛的应用。

第三,可以进行指数因素分析,分析构成指数的各因素对指数的影响大小。通过指数因素分析,除了可以判断某经济现象总体上的情况,还可以具体分析在一个时点上,构成经济现象的各因素对总体情况的影响。

第四,指数具有的一个重要派生功能是应用于金融产品创新。随着金融业的不断发展,金融创新也越发重要,开发指数型衍生品并使其具有投资功能,是金融产品创新的主要体现。

从指数的作用可以发现,应用构建金融稳定指数的方法来研究金融稳定问题是恰到好处的。应用构建金融稳定指数的方法测量一个国家金融稳定情况具有诸多优点,一方面,通过金融稳定指数可以比较不同时期、不同金融系统的稳定性,并可以进行动态地观测金融系统的稳定性;另一方面,此方法实用性较强,如具有较高的透明度、数据易处理、计算相对简便,并可以预测未来的金融稳定水平。总之,通过建立指标体系,编制金融稳定指数可以反映金融系统稳定性综合、平均、动态的变化。然而,我国目前尚缺乏较权威的金融稳定指数,对金融稳定指数的研究还存在很多不足之处。

早期预警系统利用领先指标预测金融危机发生的可能性,因变量是离散变量,使用信号法,最小化噪音——信号的比率或最小化某种类型的损失函数。早期预警系统在因变量的选择上有争议。在应用经济学方法方面,普遍的目标是预测到潜在的金融危机爆发点,但是由于金融危机的复杂性,任何想要精准地预测危机爆发点的尝试都很可能是徒劳无功的。金融危机是金融不稳定的一个可能结果,对金融稳定情况的了解和观测,可以为金融危机的预警工作提供参考和帮助。相对地,早期预警系统只能作为一个起始点,或者是一种补充性的工具,而对金融稳定进行更详细的分析需仔细评估金融系统面临的所有风险,以及获得一些有关金融系统对经济风险的吸收能力的信息。压力测试法提供了更加详细的分析,它估计了金融系统对不利的宏观经济情况的抵御力。压力测试可以探测到风险的来源以及银行部门或更广泛的金融部门的脆弱点。但是,宏观压力测试的实施对数据质量要求较高以及需要大量的技术性工作,这需要专门的金融研究部门来操作。此外,压力测试法过于主观,风险度量这样至关重要的问题也不能得到很好地处理。不同于早期预警系统和压力测试法,综合指数法代表了定量衡量金融系统稳定情况的另一种方法,它通过将一系列重要的指标合成指数,衡量金融系统综合的、动态的、平均的变化情况,且简单易行,实用性较强,受到了广泛应用。目前,编制了国家金融稳定综合指数的国家有:加拿大,Illing 和 Liu(2006);美国,Brave 和 Butters(2011);巴西,Sales 和 Areosa(2012)。

2.2　金融稳定指数的编制现状及编制理论的评述

2.2.1　金融稳定指数的编制现状评述

从 1997 年亚洲金融危机开始,国际社会已再次认识到金融稳定的重要性,IMF 和世界银行有责任对各国的金融情况进行监督和协调,各国也需建立有效的监管体系对金融风险进行及时、必要的监测。因此,IMF 开始着手研究关于衡量金融稳定的指标,希望形成金融稳健指标体系。经过初步研究,IMF 在 2001 年 6 月提出了初步方案和框架。此后,在世界各国的参与和努力下,IMF 于 2003 年初步完成了关于金融稳健指标体系的研究。2006 年,正式出版《指南》,得到了广泛的认可。此后,一部分学者的研究在《指南》的基础上展开。2006 年,ECB 通过参考《指南》,构建宏观审慎指数来评价其成员国金融体系的稳定性。Adam 和 Jaroslav(2008)比较了 IMF 的金融稳定指数和 ECB 的宏观审慎指数的优缺点,在此基础上构建了一个仅含有 6 个指标的金融稳定指数。Jan Willem van den End(2006)在包含 4 个指标的金融状况指数的基础上,加入 2 个指标构建了金融稳定指数,并阐明了理论基础。此外,作者还提出了稳定的边界。

2008 年美国次贷危机后,很多国家的学者重新关注金融稳定的问题,通过研究发现,这个时期的研究不仅注重指标体系的构建,还注重数据标准化、权重的选择以及预测等内容。并且,研究的视角由基于《指南》转向其他的角度,大致有两类:一类是构建金融脆弱性指标。构建金融压力指数、金融健康指数、金融状况指数、银行压力指数、股票市场稳定指数等作为金融稳定情况的代表。例如,Miguel 和 Estrada(2010)建立了包含 8 个指标的哥伦比亚金融系统的压力指数来衡量其金融稳定情况,主要考虑了金融脆弱性指标,应用等方差加权方法、主成分分析法、定量反应方法等三种赋权法进行对比分析。Daniela Zapodeanu 和 Mihail-Ioan Cociuba(2010)在综述了金融稳定指数中最重要的指标的基础上,又分析了衡量罗马尼亚银行系统以及 BRD(罗马尼亚的一家银行)、特兰西瓦尼亚银行金融健康主要指标的演变过程。Magdalena Petrovska 和 Elena Muchwva Mihajlovska(2013)在代表指数——由纯粹的金融指标构建的银行稳定指数的基础上加入宏观经济变量构建新的指数，称为金融状况指数，并用金融状况指数衡量马其顿的金融稳定情况。Stefano Puddu(2012)构建了包含 6 个指标的银行压力指数，文章的亮点在于提出了改进的信令法(signalling approach)以及将零膨胀泊松模型应用于赋权，并与主成分分析法和等权重法进行比较。此外，从反映事件的能力、权重稳定性以及预测情况等三个方面对构建的指数进行了比较。Viorica Chirila 和 Ciprian Chirila(2015)应用了分位数回归法分析了股票市场的稳定性，并将股票市场的稳定性作为金融系统稳定的代表。另一类是构建综合的金融稳定指数。例如，Albulescu(2010)从金融体系的发展、脆弱性、稳健性以及经济环境等方面构建四维一体的综合金融稳定指数来衡量和预测罗马尼亚的金融稳定情况。Nicholas Cheang 和 Isabel Choy(2011)针对澳门的银行系统构建了三维一体的指标体系，由金融稳健指数、金融脆弱性指数、区域经济环境指数合成综合金融稳定指数，用于监测澳门金融系统的稳定情况。

在国内，由于《指南》具有一定的规范性和权威性，初期有不少学者在其推广应用上作出了许多贡献。例如，虞伟荣和胡海鸥(2004)，李成武(2006)，余珊萍和邓益民(2012)，鞠学祯(2014)等都介绍了《指南》的内容，并详细介绍了其核心指标的含义。但由于统计口径不一致，《指南》中的许多指标在我国无法获得相应的数据，所以，在应用上我国还无法完全与国际接轨。但是一部分学者抛开数据可得性和实用性，只从理论的角度探索衡量金融稳定的指标体系，因此主要以《指南》为参考。例如，仲彬和陈浩(2004)研究金融稳定评价指标体系，共选择了37 个指标，重点参考了《指南》。朱远程和闫玉震(2010)直接借鉴《指南》中的核心及鼓励指标集，构建了一个多达 31 个指标的评价体系。

我国中央银行顺应时代潮流，在 2003 年成立了金融稳定局，将对金融稳定的关注提升到了新的高度，并从 2005 年开始定期出版

《中国金融稳定报告》。随后,国内学者对金融稳定指数有了更多的研究,尤其是自 2008 年美国次贷危机以来,使用指数法研究中国金融稳定情况一直是一个热点。与国外情况类似,部分国内学者从侧面构建相关指数作为金融稳定指数的代理指数。例如,万晓莉(2008)从银行角度构建金融脆弱性指数来衡量中国的金融稳定情况。杨立勋和周之奇(2015)立足于"银行稳定是金融稳定的核心"这一思想,构建衡量银行系统稳定情况的金融稳健指数。还有诸多学者构建了综合的金融稳定指数。例如,何德旭和娄峰(2011)从金融机构、金融市场、外汇风险等多方面选取指标,合成的金融稳定指数能够大致反映中国的金融运行情况。潘阳春(2012)以及郭红兵和杜金岷(2014)建立了金融体系的综合稳定指数,综合考虑了金融的发展性、脆弱性、稳健性以及经济景气等 4 个维度,还定量地界定了金融稳定的边界,据此能够准确鉴别金融体系所处的状态(稳定或不稳定)。此外,还有学者从新的角度构建指标体系,侧重对新的赋权方法进行研究。例如,周海欧和肖茜(2015)也肯定了金融稳定是金融系统的一种"能力"的观点,不仅于此,还将其视作一种"表现"。此外,他们认为金融稳定不只是金融体系的稳定,即金融稳定不只是与自身的运行和能力相联系,还与宏观经济的整体状况有关,评估金融稳定必须同时把金融系统和宏观经济纳入评价范围。王雪峰(2010)构建中国金融稳定状态指数时,以简化的总需求方程为基础来确定权重,研究过程中应用了状态空间模型和 Kalman Filter 算法。也有少部分学者探索了如何编制区域型金融稳定指数,如王明华和黎志成(2005)提出了评价区域金融稳定时要控制银行稳定的宏观成本的理论;闫玉震(2009)建立了北京金融稳定指数,不但考虑在参考《指南》的基础上选取指标构成微观指标维度,还加入了描述北京区域经济环境特点的指标构成宏观指标维度。

2.2.2 金融稳定指数的编制理论评述

在一般情况下,编制一个统计指数需要考虑指数的功能定位、计算方法、指标体系、数据预处理、赋权方法、指数计算的频率等方面的内容,接下来对以上这些进行介绍。

2.2.2.1 金融稳定指数的功能定位研究

在编制指数时,首先,应明确该指数的功能定位,指数的功能定位关系到指数计算方法、指标选择和赋权方法等其他基本要素的选择。从目前国内外编制金融稳定指数的情况来看,金融稳定指数的定位能够反映一个国家金融系统的稳定情况。金融稳定指数大多具有表征功能,这也是金融稳定指数最基本的功能。其次,根据研究目的选取恰当的指标从而合成的金融稳定指数,可以具有更多其他功能。本书希望编制的中国金融稳定指数不仅具有表征功能,而且还是宏观经济的领先指数,具有领先能力。

2.2.2.2 金融稳定指数计算方法的选择

当前指数的编制方法主要有简单指数法、加权综合指数法、加权平均指数法,后两者统称为加权指数法。其中,运用简单指数法编制指数时不考虑权重,即简单指数法默认所有的指标对总指数的影响力是相同的。从含义上可以明显看出用此法编制指数不符合现实情况,具有一定的不合理性,但是在无法确定权重时,简单指数法仍有一定的参考价值。只是此法没有区分不同指标的重要性,是其固有的一种缺陷,得到的是一个相对粗略的结果。这并不是编制指数的一种好的方法,在国内外已很少有人使用。加权综合指数法是将不可同度量的指标通过引入同度量因素合成总指数的一种方法,其特点是先综合然后对比。在此法中使用同度量因素时,都存在一种假定。如果研究的范围很大,包括的对象种类很多,要获得两个时期的指标值及其权重是相当烦琐的,这就给实际应用带来了困难。加权平均数指数法的编制特点是将个体指数的平均数作为总指数,对个体指数的编制可根据情况选择合适的方法。一般地,平均数有算术平均数和调和平均数之分,相应地,也有加权算术平均数指数以及加权调和平均数指数,前者主要用于物量指数,也可用于物价指数,后者主要用于物价指数。

从以上内容可见,在统计指数的编制中,选择合成形式和计算公式是既基本又重要的问题。要选择编制指数的公式,就涉及公式的选择依据。根据国内外统计指数的编制实践,选择指数的计算方法可以将以下三点作为标准。第一,应首要考虑加权指数公式。加权指数公式区分了不同因素的不同影响力,显然优于简单指数法的计算公式。除非认为各指标具有同等重要性,否则应首选加权指数公式,避免使用简单指数法。第二,应以现有的统计资料情况为基础,考虑数据的可得性。第三,尽量使所选方法得到的结果能有经济含义,避免为了单纯追求一定的复杂性而忽略每种方法的实际意义。根据以上对指数计算方法和选择标准的介绍,应优先考虑加权指数法。构成中国金融稳定指数的指标范围较大,数量较多,缺乏统一的度量因素,所以不宜使用加权综合指数法编制中国金融稳定指数。由于加权算术平均数指数使用方便,意义明确,应用广泛,适合本书的研究情况,所以,本书采用加权算术平均数指数法作为基本的方法合成中国金融稳定指数。目前,国内外的研究中基本也都采用此种方法。

2.2.2.3 金融稳定指数指标体系的构建

合成指数的指标选取是指数编制的一个主要和重要的内容。在现实中,金融体系中机构众多,情况复杂,在编制金融稳定指数时,试图将金融系统中所有的变量都纳入指标体系非常困难,也无必要。在影响我国金融稳定情况的变量中,并非每个金融变量或经济变量都有同样的重要性,如果指标的数目过多,指数的编制成本将提高,指数的编制效率将降低。此外,过多的指标增加了指标间具有多重共线性的可能性,也暗含了指标所代表的意义存在交叉性和重复性。在构建指标体系时,Nicholas Cheang 和 Isabel Choy(2011)提出了指标选取的两个准则:第一,与金融稳定高度相关;第二,具有实用性。一般地,可遵循以下的原则:第一,以指数构建的功能定位为指导。金融稳定指数构建指标的选取应该服从指数的功能定位,若指数的主要功能为表征,则应选取与金融稳定密切相关的变量,从而使指数能表征金融系统的稳定;若考虑对金融稳定指数的功能定位进行扩展,希望其成为宏观经济的领先指数,则应选择一些具有领先性质的指标,使指数具有成为领先指数的可能。第二,紧扣指数的内涵。每个选取的指标,应该能够体现所编制的指数的内涵,编制金融稳定指数,应紧扣金融稳定的内涵,这也是实现金融稳定指数表征功能的潜在要求。第三,数量适当。当前国内外文献中关于构建金融稳定指数的指标数目不一,差异较大,从几个到几十个皆有。关于合成指数的指标数量,大致有两种观点:一种认为只有充分体现指数构建功能定位的指标,才能被纳入指标体系内;另一种认为能体现指数表征内容的指标都应该被纳入指标体系内。前者主要强调了指标在体现指数功能定位过程中的重要性,暗示不需过多的指标;后者从整体性出发,是选择指标最为简易的处理方法,暗示了应选择尽可能多的指标。能体现这两种观点的文献皆有,本书倾向于第一种观点,认为在遵循第一个和第二个原则的前提下,不宜使用过多的指标,避免指标间的重复性或多重共线性。本书并不采用第二种观点,认为构建指数的变量数目并非越多越好,而应选择恰当数量的构建指标。表 2.2 列示了部分国内外文献中指标的使用情况。

表 2.2 部分国内外文献中指标的使用情况汇总

指　标	Jan Willem van den End (2006)	Adam 和 Jaroslav (2008)	何德旭和娄峰 (2011)	方兆本和朱俊鹏 (2012)	潘阳春 (2012)	王静 (2013)	周之奇 (2013)	郭红兵和朴金岷 (2014a)	李佳玲 (2015)	杨立勋和周之奇 (2015)	周海鸥和肖茜 (2015)
商业银行资本充足率		√		√			√	√	√	√	√
商业银行不良贷款率		√	√	√	√	√	√	√	√	√	√
商业银行资产利润率		√		√	√	√	√		√		√
流动比率(流动资产/流动负债)			√	√	√	√	√	√			
存贷款比率				√	√	√	√	√	√	√	√
存贷款利率差				√	√		√	√	√		
股票市盈率	√		√	√		√	√			√	
证券化率(股票市值/GDP)			√	√	√		√	√	√		
银行间同业拆借利率(7天)			√	√	√			√	√		
实际利率	√		√						√		√

（续表）

指　标	Jan Willem van den End (2006)	Adam 和 Jaroslav (2008)	何德旭和娄峰 (2011)	方兆本和朱俊鹏 (2012)	潘阳春 (2012)	王静 (2013)	周之奇 (2013)	郭红兵和杜金岷 (2014a)	李佳玲 (2015)	杨立勋和周之奇 (2015)	周海鸥和肖茜 (2015)
人民币实际有效汇率	√		√	√	√			√	√		√
FDI/GDP											√
通货膨胀率				√	√	√	√	√	√		
房地产价格指数	√		√		√		√	√			√
国内信贷/GDP				√	√			√	√		√
财政赤字/GDP				√	√	√	√	√	√		
短期外债/外汇储备			√		√	√		√	√		√
存款/M2				√	√		√	√	√		
M0/M2				√	√						
M2/GDP			√			√		√	√		√
宏观景气指标					√	√					

2.2.2.4 数据的预处理过程

由于各个指标的单位不同,不具有可比性,需在合成指数前对数据进行标准化。目前,国内外学者广泛使用的方法有两种。

1. 均值—标准差法

$$z_t = \frac{x_t - u}{s} \tag{2.12}$$

其中,x_t 表示指标 x 在第 t 期的值,u,s 分别表示指标 x 的均值和标准差。此方法是一种非线性变换方法,变换后的数据服从均值为 0、方差为 1 的分布,数值大于 0 表明指标高于历史平均水平,小于 0 表明指标低于历史平均水平。但标准化后的数值并不在 0~1 之间。

2. 最小值—最大值法

$$I_{it}^n = \frac{I_{it} - \mathrm{Min}(I_i)}{\mathrm{Max}(I_i) - \mathrm{Min}(I_i)} \tag{2.13}$$

其中,I_{it}^n 表示指标 i 的标准化数值,I_{it} 表示指标 i 在第 t 期的数值,$\mathrm{Min}(I_i)$ 和 $\mathrm{Max}(I_i)$ 分别表示指标 i 的最小值和最大值。此方法进行的是线性变化,对数据的分布没有特别的要求。标准化后的数值在 0~1 之间,0 表明最不利于金融稳定,1 表明最有利于金融稳定。此法的一个缺点是异常值无法被鉴别,另一个缺点是中性值不明确,不够直观。

两种标准化方法各有利弊,且使用皆较为广泛。我国没有真正出现过金融危机,各项指标未出现过异常值,所以可以选择最小值—最大值法进行数据标准化;而为了使构造的指数值有更明确的含义,中性值更直观,可以使用均值—标准差法。

2.2.2.5 编制金融稳定指数时指标权重的选择

在编制指数的要素中,除了指标体系的构建,权重是另一个最重要的要素。权重的大小直接决定了指标在总指数中的重要性,对总指数的结果有决定性的影响。在编制指数时,关于赋权方法的选择、权重的确定一般应考虑以下几点。第一,根据研究目的考虑赋权方法。编制指数的目的具有至关重要的指导作用,根据研究目的选择恰当的赋权方法,会使合成的指数更符合实际所需。第二,根据客观具备的资料条件来确定权重,不能忽视数据的可得性。第三,结合不同的赋权方法所带来的经济意义选择权重。例如,变权数赋权法可以体现现实中政策、经济大环境的变化所带来的影响,指数的经济含义较强;而固定权数赋权法更方便分析和比较不同时点上的指数值。

目前,在编制指数时,涉及的指标赋权方法主要有:等权重法、主成分分析法、简化的总需求方程法、误差修正模型法、广义脉冲响应函数法、结构向量自回归模型法、联立方程模型法、状态空间模型法和零膨胀泊松模型等。

接下来简要介绍几种赋权方法,有的在编制金融稳定指数时已有应用,有的是当前较少使用的赋权方法。

(1)等权重法。该方法对各指标赋予相等的权重。等权重法简单易行,有较强的应用价值,但常常遭到学者的诟病,若应用该方法,金融危机时期变量之间的非线性关系无法得到体现(Jan Willem van den End,2006)。

(2)主成分分析法。该方法下每个因子都可以写成:

$$x_i = a_{i1}F_1 + a_{i2}F_2 + \cdots + a_{im}F_m + \varepsilon_i \tag{2.14}$$

其中,F_1,F_2,$\cdots$,F_m 表示公共因子,a_{ij} 表示因子载荷,ε_i 表示特殊因子。

矩阵形式为:

$$X = AF + \varepsilon \tag{2.15}$$

其中,

$$X = \begin{bmatrix} x_1 \\ x_2 \\ \vdots \\ x_p \end{bmatrix}, \quad A = \begin{bmatrix} a_{11} & a_{12} & \cdots & a_{1m} \\ a_{21} & a_{22} & \cdots & a_{2m} \\ \vdots & \vdots & \vdots & \vdots \\ a_{p1} & a_{p2} & \cdots & a_{pm} \end{bmatrix}, \quad F = \begin{bmatrix} F_1 \\ F_2 \\ \vdots \\ F_m \end{bmatrix}, \quad \varepsilon = \begin{bmatrix} \varepsilon_1 \\ \varepsilon_2 \\ \vdots \\ \varepsilon_p \end{bmatrix}$$

该法基于因子载荷矩阵计算权重。主成分分析法赋权的结果不需借助模型处理，但得到的权重并不是各指标的权重，而是提取的公共因子的权重，计算中使用的是最小二乘法，存在失效的可能。另外，所得权重可能存在负值，且代数和不为 1，权重意义不明确（周海欧和肖茜，2015）。

（3）简化的总需求方程法。使用该方法赋权的主要过程是，先由简化的总需求方程得到各指标不同滞后期的回归系数，再将每个变量的系数求和，每个变量的权重计算公式为：

$$\omega_i = \frac{\left| \sum coefficient(x_{i,\ t\cdots n}) \right|}{\sum \left| \sum coefficient(x_{i,\ t\cdots n}) \right|} \tag{2.16}$$

其中，$coefficient(x_{i,\ t\cdots n})$ 表示变量不同滞后期的回归系数。

（4）误差修正模型赋权法。该方法的优点在于对变量间的短期和长期关系可以同时进行考察，缺点是存在一个使用前提，即要求变量间必须存在一定的协整关系。

（5）广义脉冲响应函数法。广义脉冲响应函数法是基于 VAR 模型的一种赋权方法，使用该方法对指数中的各指标进行赋权，主要是通过构建一个被解释变量（如 GDP）和各指标的 VAR 模型，根据各变量对 GDP 的累积广义脉冲响应可以确定各变量的权重。基于 VAR 模型的广义脉冲响应函数法将所有变量视为是内生的，虽然现实情况不全是这样，但该方法也有适用的空间。

（6）结构向量自回归模型法。该方法的思想与广义脉冲响应函数法的思想一致，不同之处在于结构向量自回归模型在 VAR 模型的基础上包含了变量之间的当期关系，避免了误差项中存在当期相关性无法解释的现象。

（7）联立方程模型法。该方法的优点在于可以研究整个经济系统的联立性，适用于关系复杂的经济问题，但是现实中很难正确区分变量的内生性和外生性，造成构建模型时识别变量困难，这就限制了该方法的应用。

（8）状态空间模型法。状态空间模型的主要特点是可对不可观测的变量进行建模。状态空间模型的优点：一方面在于可将不可观测的变量放入模型进行估计；另一方面在于使用卡尔曼滤波法进行估计，这是一种强有效的迭代算法。但是实际问题不一定适合使用状态空间模型，即模型结果的有效性评估离不开基于现实的分析。此外，该方法下方程的构建对模型具有较强的依赖性。

（9）零膨胀泊松模型法。Miguel 和 Estrada（2010），Stefano Puddu（2012）使用了零膨胀泊松模型来赋权，该方法是基于经济模型的赋权法，因变量为倒闭银行数量，我国目前还未发生过真正的金融危机，所以该方法在我国尚无适用性。

等权重法、主成分分析法、简化的总需求方程法属于经典赋权法。误差修正模型法、广义脉冲响应函数法、结构向量自回归模型法、联立方程模型法、状态空间模型法属于计量经济学模型赋权法。基于计量经济学模型赋权法的基本赋权思想可以概括为，根据各指标对一个被解释变量（如 GDP）的影响程度进行赋权。肖强和司颖华（2015）使用了动态因子赋权法。刁节文和章虎（2012）对简化的总需求方程进行改进，建立了状态空间模型，构建了动态权重。许涤龙等（2014）使用和比较了基于经典赋权法、计量经济学模型赋权法构建的金融状况指数。

王雪峰(2010)使用状态空间模型对简化的总需求模型进行改进,构建了具有"变系数"特点的简化总需求方程,再据此得到构建金融稳定状态指数的时变权重。

2.2.2.6 金融稳定指数计算频率的设定

一般来说,指数的计算频率在反映指数的功能定位以及发挥指数的应用功能方面会起到重要作用。所以,一方面,计算频率的设定要以该指数的功能定位为重要参考。例如,若指数的功能定位是表征功能,计算频率可以相对低一些,按季度或按月度均可;若指数的功能定位是作为投资标的物,则编制高频指数为宜。另一方面,计算频率的设定要考虑所需数据的可得性。此外,值得注意的是,编制指数需要其组成指标的统计数据作为支撑,在使用计量经济学中的方法或模型赋权时,经常需要使用经济发展的相关指标,这些指标的数据频率大多是季度或月度,所以,指数计算频率的设定还应该考虑所需统计数据的可得性。

2.3 国内外研究的不足之处

综上所述,目前国内关于金融稳定指数的编制和应用中存在着一些问题和不足,如 IMF 的指标体系不完全适合我国国情,指标体系的构建存在较强的随意性或过于烦琐等。此外,目前关于金融稳定指数的应用范围较为狭隘,鲜有学者研究金融稳定指数的领先功能,以及考虑将金融稳定纳入货币政策目标,研究货币政策的情况。

具体地,目前国内的研究存在以下几点突出的问题。

2.3.1 金融稳定指数编制方面的不足之处

2.3.1.1 指数的构建思想未能紧扣金融稳定的内涵

本书认为 IMF 发布的《指南》具有一定代表性和权威性,但是,由于统计口径不一致,《指南》中许多核心指标在我国无法获得相应的数据。所以,照搬《指南》中的指标体系不具有可行性。金融稳定指数的定位是表征指数,即能够反映一个国家的金融稳定情况,所以,界定金融稳定的含义并基于其内涵构建的指数才能更贴近实际。本书考虑从界定金融内涵入手,围绕其内涵构建指标体系。在很多国内研究文献中,脱离金融稳定内涵进行研究的情况普遍存在。

2.3.1.2　指标体系的构建有较强的随意性以及指标数目趋多

总结起来,目前构建指标体系的角度主要有三个:一是从宏观和微观两个维度构建指标体系;二是从金融发展性、脆弱性、稳健性以及经济形势等四个维度构建指标体系;三是从金融机构、市场风险和宏观环境三个维度构建指标体系。在构建指标体系时普遍存在的问题是对指标的选择随意性较强,不同学者对指标的选择有较大的差异,甚至同一个指标所属的维度也模糊不清。关于评价体系所包含的指标个数,从五六个到三四十个的情况皆有,近年来有趋多的倾向。指标过多也意味着指标之间存在重复和交叉的可能。

2.3.1.3　指标体系的构建忽略实际应用性

一部分学者主要是基于理论基础研究如何构建金融稳定指数的指标体系,这推动了理论研究,却忽略了金融稳定指数的实际应用性。我国金融监管体系刚开始发展,仍在完善中,很多指标的数据不是公开可得的,或者时长较短。忽略数据可得性使指标体系不能应用于量化研究。

2.3.1.4　鲜有文献解释、说明指标的变化与指数变化的关系

在编制指数的过程中,大多数文献解释了指标的含义,却没有具体阐述指标的变化对指数变化的影响,甚至对有些指标的定位模糊不清。例如,关于证券化率和信贷总额/GDP 两个指标,方兆本和朱俊鹏(2012),郭红兵和杜金岷(2014)皆认为其是正指标,而周海欧和肖茜

（2015）认为其是逆指标。

2.3.1.5 赋权方法过于简单，不够合理，鲜有学者使用计量模型赋权法构建金融稳定指数

等权重法、主成分分析法简单易行，是构建金融稳定指数过程中被广泛使用的经典赋权法。等权重表明不同指标对金融稳定的影响相同，这与实际不相符。主成分分析法未使用全部信息使得结果有偏差。赋权方法的选择要与研究目的相结合，研究金融稳定的主要原因来自金融不稳定对经济造成的严重影响。通过金融的稳定促进经济发展是最终目的，所以，基于计量模型，从构成金融稳定指数的各指标对经济增长的影响出发确定权重更符合金融稳定的目标。

2.3.2 金融稳定指数应用方面的不足之处

在涉及金融稳定的研究中，不少学者只使用单个金融指标作为金融系统稳定的代表，这未免过于简化，本书在其他研究领域使用中国金融稳定指数表征我国金融稳定性，这更具有代表性。

2.3.2.1 未有学者研究金融稳定指数对宏观经济的领先、滞后能力

目前，大量的研究已表明金融稳定与宏观经济紧密相关，不可分割，但还未有学者关注两者的领先、滞后关系。研究中国金融稳定指数与宏观经济指标的领先、滞后关系，可以丰富中国金融稳定指数的功能，使之能够为预判或验证宏观经济的发展情况提供帮助。

2.3.2.2 未全面研究我国金融稳定目标下的货币政策规则是否存在非线性特征以及时变特征

目前，国内对未包含金融稳定目标的货币政策规则的研究发现，基于货币政策，在不同的经济环境条件下，产出或通货膨胀的变化对利率的影响效果是相同的，这与理论不一致。若按照此规则进行宏观调控会低估货币政策的效果，产生不良的后果。当将金融稳定目标纳

入货币政策反应函数后,货币政策的目标变量在不同经济阶段的变化是否引起利率不同程度的变化,以及我国货币政策制定中是否关注了金融稳定,是否趋于按照规则调整等都还需研究和验证。

当前研究中存在的不足启发我们,对中国金融稳定指数的构建和应用问题的研究需要更加深入,以努力克服已有研究存在的问题,这也是本书进行创新的基础。具体来说,本书的创新点详见第 1 章 1.2 的 1.2.3 部分内容。

3　金融稳定的理论研究

　　除了了解金融稳定内涵和金融稳定指数的编制现状和理论之外，我们还需要了解有关本书研究内容的经济学理论基础，这体现了研究金融稳定的科学性和必要性。关于金融(不)稳定存在的理论，马克思、明斯基、金德尔伯格等经济学家以及经济周期理论分别从不同的角度解释了金融不稳定的发生机理。本书在选取编制中国金融稳定指数的指标时，主要是紧扣金融稳定的内涵选取相关的指标。此外，源于金融稳定的最终目的是促进经济的健康发展，经济与金融稳定密不可分的事实，考虑了反映经济的主要指标。具体来说，考虑到经济的四个主要方面——物价、房地产市场、政府绩效以及经济体系内部的抗风险能力与金融稳定的关系，选取的相关指标是通货膨胀、房地产价格、政府赤字以及货币量。在中国金融稳定指数的应用中，一个主要的应用是用于研究加入金融稳定目标的货币政策规则。本章详细介绍了当前主流的货币政策规则并说明了非线性货币政策规则更符合理论要求。本章还介绍了金融稳定目标与传统的物价稳定目标的关系，说明了将金融稳定作为新目标加入货币政策规则的必要性。而金融稳定与货币政策之间是存在明确的经济学关系的，对此，本书介绍了一种基于博弈论的经济学理论分析。最后，本书对在货币政策规则中加入金融稳定目标的形式进行了研究，当前的研究结论是将金融稳定作为独立的目标，以指数形式纳入货币政策规则是恰当的。

具体来说,3.1介绍金融稳定的基本理论,包括马克思金融不稳定理论、明斯基金融不稳定理论、金德尔伯格金融不稳定理论以及经济周期中的金融不稳定理论。3.2介绍金融稳定与主要宏观经济变量的关系,包括金融稳定与通货膨胀、房地产价格、政府绩效以及货币量的关系。3.3介绍金融稳定与货币政策的关系,包括货币政策规则研究及其非线性特征研究,金融稳定目标与物价稳定目标的关系研究,金融稳定与货币政策关系的理论研究,将金融稳定纳入货币政策目标的形式研究。

3.1　关于金融稳定基本理论的研究

已有理论说明金融不稳定是不可避免的,是由信用经济的内在特征所决定的,这使得监测金融稳定更加有必要性。本节主要介绍当前关于金融稳定的基本理论,主要包括马克思、明斯基、金德尔伯格的金融不稳定理论以及认为金融危机会周期性出现的经济周期理论中的金融不稳定观点,从而更深刻了解金融不稳定发生的内在理论机制。

3.1.1　马克思金融不稳定理论

马克思在《资本论》中对金融体系的内在不稳定性进行了阐述。金融体系不稳定的重要条件是资本家对利润最大化的追求和虚拟资本运行的相对独立性。产业资本生产是为了追求剩余价值,为了追求利润最大化,因而一定会存在盲目扩大生产的倾向。生产的盲目扩大和需求的有限性必然会导致经济危机。马克思认为,在商品的生产和销售过程中也伴随着货币资本的运行,资本家把货币资本转化为产业资本,再从产业资本转化为商品资本,然后从商品资本回到货币资本,这就完成了资本的一个循环过程,并实现了资本的增值,这样的循环过程会周而复始地反复运行。由于生产和销售需要一定的时间,货币转化为商品,再从商品转化为货币也需要一定的时间,因此,资本的循环过程中充满了诸多不确定性因素,甚至,有某些因素可能会使价值增值的过程中断。资本积累在生产扩张中也有着重要的作用,由于产业资本家自身积累的有限性,为了扩大对资本的积累,他们会充分利用银行、股票和债券等信用工具来扩大资本量以用于生产。同时,货币在执行支付手段职能的过程中存在买和卖的分离,债务又是涉及多个部门的。因而一旦发生债务偿还危机,就会引发一系列的连锁反应。所以,一旦发生支付危机就可能导致货币危机。

此外,信用的发展使资本积累得到加速,产业资本家的生产能力大大提升,同时也加剧了生产盲目扩张和实际消费之间的不平衡。当生产过剩日益普遍化时,商品和货币之间的矛盾就会日益凸显,金融危机也可能发生。所以,马克思还认为金融危机发生的基础是资本积累的加速,虽然金融危机表现为货币危机和信用危机,但是,造成危机的基础是生产过剩和实际消费不足之间的矛盾。即发生金融危机的首要条件是生产过剩,其次是信用的发展。信用的发展使债务与货币支付的矛盾不断扩大,尤其是虚拟资本的产生和发展使信用体系得到迅速地扩展,金融体系脱离实体生产活动而独立存在。由于虚拟资本和信用货币既不是真正的货币,也不是实物财富,要通过转化为货币来实现真正的价值,在转化中会存在更大的不确定性,极易发生金融不稳定。马克思指出,抽象劳动是价值的唯一源泉,因此虚拟经济本身并不创造价值,其必须依附于实体经济而存在,否则,易产生泡沫。2008年美国爆发的金融危机就与经济的过度虚拟化和自由化分不开。物质生产—商品和服务贸易——一般性金融资产如债券、股票等—衍生期货以及其他纯粹的虚拟资本,它们自下而上构成了一个塔形。在现代的经济条件下,这是一个极不平衡的倒置"金字塔"结构,上层部分的增长要远远高于底层部分的增长,导致了底层的实体经济越来越小,上层的虚拟资本越变越大,这会严重削弱金融稳定所需的稳健的宏观经济基础,加剧金融体系的不稳定,最终这种结构也必将崩溃。

马克思还指出,周期性金融危机是资本主义制度的必然产物。再生产周期有四个阶段——萧条、复苏、繁荣和危机,马克思认为,在再生产周期的第四阶段将发生经济危机,经济危机的高级阶段就是金融危机。由于在经济繁荣阶段,资本家利用银行信用和虚拟资本进行扩大再生产,规模经济带来的收益增加又刺激了资本家扩大生产的欲望。而且利润的增加使虚拟资产价格上涨,吸引了借贷资本的流入,导致虚拟资产价格不断膨胀。信用扩张持续超过生产扩张,导致金融危机爆发。

综上所述,马克思对金融不稳定的分析可从三个角度理解。第一,在商品经济条件下,金融的不稳定源于货币的功能。货币作为流通手段的功能必然意味着没有需求就没有供给,但是销售和购买并不同步,买和卖在时间和空间上存在分离。此外,在货币经济中,由于货币具有支付手段的功能,就存在产生危机的可能。只要存在支付的违约从而就会导致一连串的不良反应,再加之机制的失调,此时资本家为了获得货币,继续行使支付功能,会不惜将商品按亏本的价格出售。第二,发达的金融体系和信用体系,为金融危机的爆发创造了良好的条件。一个国家的交换体系和信用体系受到冲击分别会引发和加剧货币危机。第三,资本主义经济的实质是通过资本积累获得财富,这使得金融危机的发生具有无法避免性。这种必然性的一个关键逻辑是,在资本主义积累基础上建立起来的货币经济中,货币危机的内在可能性成为必然。

马克思认为,货币危机并不是资本主义所特有的,他总结了两种货币危机并作了区分:形成于经济总危机某一个阶段的货币危机和独立于经济总危机的货币危机。他指出,两种货币危机都不是资本主义经济所特有的,货币交换与支付承诺在资本主义制度建立前的很长时间里就已经存在。只要市场的过程还没有深入社会经济再生产的内核,则依然是一种外在的现象,那么货币不稳定性的社会影响就是相对有限的。

3.1.2 明斯基金融不稳定理论

美国经济学家明斯基提出了金融不稳定理论,这一理论在金融危机史上具有十分重要的影响和地位。明斯基从微观的角度研究了金融不稳定性,他认为,造成金融不稳定的最主要的原因是金融机构和贷款人本身具有内在不稳定性,这种不稳定性使得金融体系具有天然的内在不稳定性,即资本主义经济和其金融体系在本质上存在着不稳定性。通过研究发现,金融连接着经济的过去、现在和将来。经济的发展首先依靠的是投资,他认为投资是在不确定的条件下作出的决策,所以,投资具有波动性。投资的波动性会导致现金流的不确定性,从而会对企业资产负债表产生影响。商业银行吸收储户的存款,基于此,企业向商业银行贷款融资,再通过生产和销售获得利润。利润来源于投资,利润的实现与否决定了能否按时还款,还会影响接下来的投资的利润预期,从而影响再融资和再投资的规模。所以,经济就是在企业不断地借贷和偿还债务的过程中不断发展的。

当前的投资只能表明以前的决策是正确的,对未来的预期影响着当前的投资水平和资产价格水平,如果预期未来收益会下降,投资需求会减少,投资需求价格会小于供给价格。明斯基把价格分成当前产出价格和资产价格,为了保证获得利润,当前产出价格可以由成本加利润来决定。对于资产市场来说,当前产品价格是资产供给的有效价格,这个价格应该保证能够使资产市场供给新的资产。如果存在外部融资,那么资产供给价格还应该考虑融资成本,这时资产供给价格会由于外部融资风险而增加。对于可以长期持有的资产来说,这类资产可以转化为货币,也可以产生资产收益,这时,资产的需求价格可以由预期收益来决定。当然,融资成本和融资风险是要考虑的,资产需求价格受投资者外部融资需求量影响,外部融资量越大,面临的风险也越大。一般来说,当资产需求价格高于供给价格时,就会产生投资活动。

明斯基还把融资方式分为对冲性融资、投机性融资及庞氏融资。对冲性融资是指用预期收入现金流来偿还债务的本金和利息的融资方式;投机性融资是指用未来收入现金流来偿还债务利息的融资方式;庞氏融资是指未来收入不足以偿还债务利息,债务会不断地增加的融资方式。相应地,企业也可分为抵补型企业、投机型企业和庞氏企业三种类型。抵补型企业是最安全的借款人;投机型企业在借款初期存在一定的风险,尤其是在遇到利率上升或资产价格下跌时,企业的财务状况会迅速恶化;庞氏企业的风险最大,一方面需要借新债还旧债,维持企业的运营,另一方面企业在最后往往需要靠变卖资产来偿还债务,因此,一旦遇到利率上升或者资产价格下跌时,企业可能会出现资不抵债的状况。从融资结构来看,抵补型企业所占的比重越大,经济、金融的发展越稳定;投机型企业和庞氏企业所占的比重越大,越不利于经济、金融的稳定。在经济扩张阶段,企业受到收益增加和预期向好的影响,融资方式一般会从对冲性融资向投机性融资和庞氏融资转化。如果收益随着投资的增加而增加,可以进一步强化未来收益的向好预期而促进投资增加,这时,投资者会通过提高杠杆比率获得更多的投机性融资,投资者承担的风险也相对增大。如果未来的情况确实好于预期,那么收益也会比预期的多,这时投机性融资者还能够实现保值和增值;但是,一旦投资收益低于预期,投机性融资不但无法实现保值,还可能出现大量亏损,投资不稳定现象就会出现。当经济处于繁荣期时,企业构成必然由抵补型企业占主导向投机型企业和庞氏企业占主导转变。在转变的过程中,获利部门的资产价格迅速增长,可能引发过度繁荣,相应地,整个经济中的投机和泡沫也会迅速扩大。在这一阶段,市场开始对未来不看好,这种不看好会逐渐增强,这时政府采取紧缩的财政政策,银行信贷中断,迫使企业通过变卖资产偿还贷款或获得投资资金,这种不看好最终引发市场的崩溃,导致危机的爆发。因而,金融系统由于借贷双方特性中的内在不稳定性产生了金融不稳定性。

明斯基的金融不稳定理论认为,造成金融不稳定的另外两个原因是代际遗忘和竞争压力,它们揭示了金融危机周期性出现的现象。代际遗忘即过去金融危机的痛苦常常会被今天的贷款人遗忘,周期性出现的新的获利机会促成了人们乐观的预期超过了对危机的恐惧。人们预期当前资产价格的趋势会继续增长,进而推动了信贷的扩张。竞争压力是指在经济的繁荣期,整个社会对金融的需求急剧增加。金融机构由于害怕激烈的竞争会使自己失去市场,从而作出许多不够谨慎的决策。

3.1.3　金德尔伯格金融不稳定理论

在明斯基金融不稳定理论的基础上,美国经济学家金德尔伯格认为,金融市场的非理性会引发金融不稳定。在经济理论中,理性预期的假设是一个合理假设。如果金融市场是理性的,那么,大多数市场应该是理性的,单个市场在大多数时间内是理性的,而且所有的市场参与者可以获得同样的信息,有同样的投资目标和投资能力,运用的投资策略也是相同的。显然,从期望来看,金融市场是理性的这一假设有一定的有效性,但是,现实市场并不一定是这样的。金德尔伯格认为,投机泡沫和市场恐慌是投资者非理性的表现,即使个人是理性的,市场也可能是非理性的,市场恐慌可能是源于理性行为中偶然的非理性,这会引发金融不稳定,如示范效应和花车效应等。示范效应表现为投资者盲目跟风的现象;花车效应表现为投资者会进一步相信那些预期获得了成功的人,这会加剧资产价格上升、泡沫增加,在资产价格下跌时投资者会跟着抛售,导致市场进一步恶化。金德尔伯格结合明斯基的理论分析金融市场的非理性,认为在经历萧条之后的经济扩张时期,投资者会对未来的预期过度乐观,信心增加,认为未来市场会继续繁荣,从而盲目地追加投资。同时,伴随着投资收益的增加,投资还会进一步加大。这时,投资者会对金融体系的警惕性有所放松,原来在理性阶段不能容忍的高负债和低流动性在此时可能被接受。随着投资不断扩张,资产价格急剧膨胀,资产价格泡沫产生,埋下了金融危机的隐患。

金德尔伯格也把投资分为理性投资阶段和非理性投资阶段。在理性投资阶段,投资者对市场变化的反应是理性的、有限的,主要通过投资获得资本收益;在非理性投资阶段,投资者对市场变化的反应是非理性的、过度的,这一阶段是泡沫投资阶段,投资者的投资意愿不断增强,实体投资已不能满足投资者急于获利的愿望,以至于他们通过抵押或出售资本来获取高收益。人们最初追求的是稳定的投资回报,随着时间的推移,开始更加偏好获取投机利润。金德尔伯格将投机者分为两类:圈内人和圈外人。两类人对投资的理性程度会有所不同,圈内人的投资行为相对理性。占大多数的圈外人正好相反,他们所热衷的投机活动是一种非理性行为。

3.1.4 经济周期理论中的金融不稳定观点

学界论述金融不稳定或金融危机的产生时还往往与经济的运行周期理论相结合。本章介绍的马克思和明斯基的关于金融不稳定的理论中都包含了周期性的理论。此外,还有凡勃伦在其《商业企业理论》和《所有者缺位》中提出的银行体系内在不稳定假说。Fisher(1933)认为,金融不稳定可能由宏观经济的周期性波动所引起。凯恩斯(1936)也分析了经济周期性过程中的金融不稳定性,其主要贡献是强调了预期和不确定性,他提出危机的发生还可能由投资的环境因素所引起,因为环境因素变化使得之前投资时的预期不能得到实现。在经济繁荣时期,一般人对资本品的未来收益是很乐观的,这使得资本品逐渐增多,如果经济保持繁荣,新投资的收益就不会很低。但当市场风向发生逆转,人们对未来收益的可靠性产生了疑问,不信任就会产生并迅速传播,从而导致经济衰退。Borio 和 Lowe(2001)认为人们对价值和风险的认识以及对风险的承担意愿都会随着经济波动而发生变化。20 世纪 80 年代末北欧和日本的银行危机,1994 年的墨西哥金融危机,1998 年的东南亚金融危机,都用事实说明了在经济的萧条阶段可能会伴随着一定的经济危机。还有实证研究发现,绝大部分经济危机的产生与信贷、资产价格、金融监管的周期相关。通常,在经济上行时期,金融机构信贷风险减少,银行的资本充足,银行等金融机构倾向于扩大信贷规模,导致经济的过度扩张。在经济的下行时期,银行倾向于缩减信贷规模,造成流动性下降,导致经济过度紧缩。而信贷扩张或紧缩又往往催生资产价格的迅速膨胀或大幅下降,最终演变成经济危机。

3.2 金融稳定与主要宏观经济变量的关系研究

简单来说,金融稳定与宏观经济的关系是互相促进和相互制约的。一方面,稳定的金融市场有利于经济的健康发展和增长(King 和 Levine,1993),而经济发展的情况也会影响金融市场的稳定情况(Mishkin,1999)。另一方面,当经济发展过热,却没有与之适应的、足够健全的金融体系,就会对金融的稳定性产生负面影响。如果经济发展过慢,则会使企业生存变得困难,从而也影响金融稳定性。所以,经济需与金融的发展相适应。一般地,两者可能呈现金融发展不充分、滞后于经济发展,金融发展与经济发展相适应,金融发展超前于经济发展等三种情况。无论是哪种情况,若金融体系不够稳定,都会不利于经济的发展。所以,金融系统的稳定对于经济的健康发展至关重要。当前,金融商品和金融服务的种类和数量众多,加之金融创新不断出现、新技术的广泛应用,影响金融不稳定的因素在不断增加。

在了解了金融稳定与宏观经济密不可分的关系后,本节主要介绍金融稳定与通货膨胀、房地产价格、政府绩效以及货币量等四个宏观经济指标之间的关系。这四个指标都与金融稳定关系紧密,同时也是除了 GDP 相关指标之外的能更全面体现经济发展、经济增长和经济结构的重要指标。

3.2.1　金融稳定与通货膨胀的关系研究

关于金融稳定和通货膨胀的关系,目前主要有两种观点,即传统观点和"新环境假设"。传统观点认为,保持价格稳定有利于实现金融稳定,当时有很多学者认可并支持了此观点。Bordo 等人(2000)对美国、英国和加拿大这三个国家在 18 世纪到 20 世纪初所发生的金融危机和通货膨胀的现象进行了分析,发现了金融危机通常都发生在持续的通货膨胀之后。Bergman 和 Hansen(2002)对瑞典 20 世纪 90 年代的货币危机和银行危机进行了分析,认为价格冲击的效应较之其他冲击是比较强且持续存在的,物价稳定和金融稳定在货币政策中应该是两个一致的目标。"新环境假设"论则提出一个完全相反的观点,此观点把 20 世纪 90 年代以来,西方发达国家出现的低通货膨胀现象称为一个"新环境",认为金融稳定和通货膨胀之间的关系需要重新被审视。

"新环境假说"认为,较低而且稳定的通货膨胀率使得人们对于未来经济前景的预期过于乐观,这会助长资产价格泡沫,加大金融体系的不稳定;此外,即使物价没有出现大幅度的波动,金融不稳定的状况仍有可能出现。关于金融稳定与物价稳定的关系也涉及货币政策目标的变化问题,本章在3.3会接着进行详细讨论。

3.2.2　金融稳定与房地产价格的关系研究

房地产价格与金融体系的稳定息息相关,且房地产价格的变化往往是导致金融危机的因素之一。关于房地产价格或者资产价格与金融稳定关系的研究不胜枚举,涉及面也很广泛。由于本节此部分内容只是为了说明金融稳定与房地产价格息息相关,可能涉及的其他经济问题并不是本书的重点内容,所以此处作简要介绍。由于银行作为抵押贷款的中心以及经常使用房地产作为抵押品,房地产市场持续的失衡会危害金融部门的稳定性(Goodhart 和 Hofmann,2007)。房地产市场中价格与均衡价值的偏离现象是经常发生的,这是由于以下三个原因:第一,房地产市场中商品品质存在较大差异,且有地区分割性;第二,房地产市场信息不完全,价格缺乏透明性,导致交易成本较高、定价机制差异性较大、定价效率较低;第三,房地产市场的供给反应迟缓。房地产价格与价值长期存在的偏差正是房地产与金融不稳定关系的核心。历史事实也表明,房地产价格的修正往往领先于金融危机,政策制定者常以房地产价格为基础来评估金融的稳定情况。总体上,房地产价格与金融稳定的关系是这样的:房价波动不仅直接影响金融稳定,而且通过影响抵押品价值、银行资本金间接影响信贷需求和信贷供给;银行反馈机制引起信贷扩张或收缩,进一步影响房价波动和金融稳定;而信息不对称和金融加速器机制加剧了这些影响。关于此问题的研究方法和研究角度较多,在此通过图3.1提供一种逻辑。

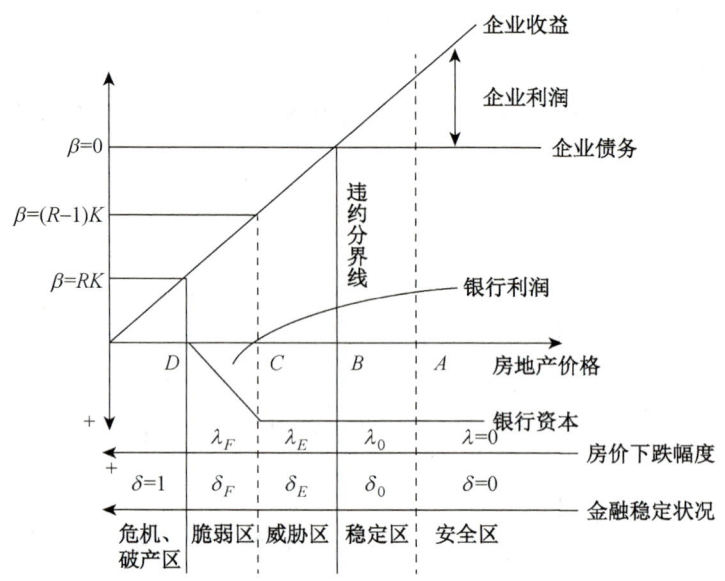

图 3.1　房地产价格与价格稳定的联系机制

注：λ_i 表示负面冲击，δ_i 表示房地产价格下跌幅度，β_i 表示贷款损失。
资料来源：何德旭(2013)。

图 3.1 展示了在房地产行业面临负面冲击情况下，房地产价格和金融稳定的关系。房地产价格处于较高位时，房价下跌风险加大，易于积累金融不稳定的风险。由图 3.1 可知，房地产价格下跌会造成信贷收紧，进一步加速房地产价格下跌，从而造成金融不稳定。

3.2.3　金融稳定与政府绩效的关系研究

政府绩效的情况也会对一国的金融体系的稳定性造成影响，政府的绩效代表着公众对未来经济发展的信心，会对金融稳定产生影响。一般来说，政府绩效用政府赤字来衡量。关于财政赤字会影响以及如何影响金融稳定的理论，早在 1979 年就被经济学家克鲁格曼提出。当一个国家的财政赤字过大，政府势必会借助经济的手段来弥补赤字，从而导致整个国内的信贷扩张。信贷扩张会导致利率下降，致使资本流出。由于投资者的预期变化,会使投资者作出抛售本币、增持外币的行为。面对这样的不利情况,中央银行往往会进行干预,当外汇储备减少时,会加强市场的不良预期,就更会加剧当前的恶性循环,从而可能引发危机。有研究表明,20 世纪 50 年代中期至 70 年代的近 20 年间,发生的 87 次货币危机具有的一个共同特征就是伴随着巨额的财政赤字,因此,财政赤字对金融稳定造成的巨大影响值得重视。此外,国家宏观调控常用提高税收或发行债券的形式来维持财政收支平衡。由于前者不易实行,后者就成了主要手段。而国债规模的扩大会引起未来还债压力的增加,加之实际中政府往往已存在沉重的债务负担,从而提高了爆发金融危机的可能性,这样的例子是存在的。所以,这就引起了世界各国对财政赤字、政府债务的重视。关于政府债务,它通常具有高度复杂性,一旦不合理的债务情况对国家财政和金融造成影响,则影响是巨大且持久的。稳健的债务结构可以降低政府的利率、货币风险和其他风险,使国家少受金融风险的冲击,也有利于金融的稳定。综上所述,不合理的财政赤字通过预期、信贷等,暗藏着影响金融稳定的风险,因而关注财政赤字,是必不可少的。

3.2.4 金融稳定与货币量的关系研究

以 Friedman 和 Schwartz(1963)为代表的货币主义强调了货币因素对金融体系稳定的作用。货币需求相对是较稳定的,物价和产出可由货币量决定。在金融危机的形成过程中,货币量的变化有着决定性作用。Friedman 和 Schwartz(1982)研究了美国 1867—1960 年发生的 6 次金融大震荡和经济大衰退,发现有 4 次与货币因素有关。他们还分析了美国 1867—1960 年货币存量的变化,认为若没有货币供给情况的恶化,是不会产生金融不稳定的严重后果的。美国学者 Brulmer 和 Meltzer 也是货币派的代表,他们提出货币存量增速与增速的易变性会导致银行危机,强调了货币量增速的重要性。即使在经济运行平稳时,一旦中央银行对货币供给控制不当导致货币突然出现较大的紧缩,会迫使银行出售资产以保持所需的储备货币,从而引起资产价格的下降,利率上升,增加贷款人不能按时还贷的风险以及银行的支付风险,影响银行的流动性和支付能力。货币供给进一步收紧,到一定程度便会引发金融危机。

3.3 金融稳定与货币政策的关系研究

货币政策对经济和金融稳定会产生极其重要的作用和影响,维护金融稳定要从货币政策入手(Friedman 和 Schwartz,2009)。2008 年全球金融危机对各国政府的两个重要启示:一是需注意货币政策操作的规则化,二是需更加关注金融稳定。那么,研究将金融稳定加入货币政策规则的框架势在必行。本节主要介绍金融稳定和货币政策的关系,包括货币政策规则(重点是泰勒规则)的介绍以及货币政策规则的非线性特征,传统的物价稳定目标与金融稳定新目标,并介绍有关金融稳定与货币政策之间关系的经济学理论基础,最终的目的是研究加入金融稳定目标的货币政策规则。

3.3.1 货币政策规则及其非线性特征研究

货币政策的制定和实施是国家实施宏观调控影响经济、金融的重要手段。随着我国经济的发展并逐渐融入全球经济,关于我国货币政策操作规则的研究也越来越多,主要包括我国货币政策操作是相机抉择还是按规则行事,应该相机抉择还是应该规则化。卞志村(2006)从我国货币政策操作的实践中发现,在转型时期,我国的货币政策操作是以相机抉择为主的,或者说相机抉择和按规则行事混合存在,其中相机抉择的成分更大。此外,他们通过实证得出,若中国货币政策操作规则化,有利于经济稳定增长。因此,我国货币政策操作有必要尽快实现由相机抉择向规则化的转变。王晓天(2007)也认为,虽然相机抉择有灵活的优势,但容易受到来自政府和企业的压力的影响,增加了货币政策效果的不确定性,这让货币政策自身反而成了金融不稳定的来源,所以我国的货币政策操作需规则化。此外,美国2008年次贷危机的发生,对全球各国中央银行的一个重要启示即为:货币政策操作应尽快规则化,不应继续采取相机抉择的方式。

关于货币政策规则的研究在理论上取得了进展,在实际中,越来越多的国家也注重货币政策操作的规则化。早期,中央银行将货币存量作为操作目标,但是货币存量本身并不是中央银行可以直接调控的工具。后来,麦克勒姆·梅茨勒提出了基础货币规则,但基础货币并不稳定,缺乏可控性,所以这个规则没有得到很好的推广。因此,麦考利和尼子森建议从基础货币规则研究转向利率规则研究。目前流行的利率规则是泰勒规则。20世纪90年代,美国联邦政府通过了预算平衡法案,这意味着,在新的财政运作框架下,通过财政政策从宏观上调控经济的能力已大打折扣,这样重担就转给了货币政策。由于实际利率是唯一与物价、经济产出具有长期稳定关系的变量,因此,泰勒建议将短期利率作为中央银行的操作目标,从而形成了泰勒规则。在泰勒规则中,中央银行是根据当前的产出与潜在产出的差距、通货膨胀率与目标值之间的差距、实际均衡利率来调整利率的。该规则认为,实际均衡利率与通货膨胀率和产出之间具有长期的稳定关系,在潜在产出和自然失业率既定的条件下,每个通货膨胀率都对应着一个实际均衡利率。当失业率低于自然失业率或预期通货膨胀率超过通货膨胀目标水平,实际利率就会偏离实际均衡利率,货币当局就必须调整名义利率使实际利率恢复和保持在实际均衡水平上。泰勒规则也表明了当实际产出高于潜在产出，就应提高利率；当实际产出低于潜在产出，就应该降低利率。

多国的实践已证明了泰勒规则在宏观调控方面应用的有效性。泰勒对美国的情况进行了研究，发现在 1987—1997 年，美联储对货币政策的调整与泰勒规则极其相符，而此前各阶段得到的泰勒规则与美联储的实际操作有较大不符。理查德·卡莱里达以及迈克·哥特勒对德意志中央银行进行了研究，发现 1973 年之后的货币政策调整也与泰勒规则较为相符。此外，相关研究表明在曾经一段时间里日本利率的调整与简单泰勒规则一致。

各国学者对泰勒规则越来越重视，在关于应选取利率作为中介目标并在利率调整中发挥以泰勒规则为代表的利率规则的指导作用等方面达成了共识。泰勒规则在我国的应用也得到了学者们的广泛研究。谢平和罗雄（2002）首次对我国货币政策进行了检验，表明泰勒规则可以很好地拟合我国的货币政策，但也说明了泰勒规则在我国是一种不稳定的货币政策规则。陆军和钟丹（2003）也认为泰勒规则可以充当中央银行货币政策决策的依据，并为解决时滞性，对泰勒规则进行了扩展，尝试使用了前瞻性泰勒规则。谢平和罗雄（2002），卞志村（2006）通过实证都发现货币政策反应函数中通货膨胀缺口的系数小于1，表明泰勒规则在我国是一种不稳定的规则，并认为这可能是由于我国利率市场化尚未完成所造成的。王建国（2006）发现，在泰勒规则中引入平滑利率后可以较好地反映我国利率的变动。张屹山和张代强（2007）根据我国国情使用了前瞻性货币政策反应函数，发现此反应函数能够很好地描述同业拆借利率、存贷款利率及两者的利差，但这些利率均对通货膨胀和产出反应不足，说明我国的货币政策不稳定。刘金全和张小宇（2012）发现，具有时变系数的泰勒规则能够更好地识别我国的名义利率机制。但同样地，利率对通货膨胀的反应不足，因此泰勒规则在我国是一种不稳定的货币政策规则。袁野(2014)在泰勒规则的基础上,研究货币政策时变系数对利率的影响,结果表明泰勒规则能够较好地解释我国在 2008 年全球金融危机后的货币政策操作。

综上所述,关于泰勒规则在我国的应用有以下三点一致的结论:第一,泰勒规则在全球范围内得到广泛认可和使用,对我国中央银行的货币操作具有重要的指导意义;第二,泰勒规则可以描述我国的利率走势,有一定的适用性;第三,泰勒规则在我国是不稳定的规则,主要是因为利率对通货膨胀的反应不稳定,应推进利率改革,创造泰勒规则的应用环境,促进货币政策操作的规则化。

泰勒规则的原式表明,可根据实际均衡利率、通货膨胀缺口、产出缺口来调整短期实际利率,且调整的形式是线性形式。泰勒规则原式的表达式为:

$$r_t = r^* + h(\pi_t - \pi^*) + g(y_t - y^*) \tag{3.1}$$

其中,r_t 表示短期的实际利率,r^* 表示实际均衡利率,π_t 表示当期的通货膨胀率,π^* 表示通货膨胀目标,y_t 表示当期的实际产出,y^* 表示潜在产出,$y_t - y^*$ 即为产出缺口。h、g 分别表示反应系数,其数值反映了中央银行的偏好。

根据费雪方程式,短期的名义利率 r_t^* 与 r_t、π_t 存在以下关系:

$$r_t = r_t^* - \pi_t \tag{3.2}$$

代入式(3.1)可得:

$$\begin{aligned} r_t^* &= \pi_t + r^* + h(\pi_t - \pi^*) + g(y_t - y^*) \\ &= \bar{r}_t + h(\pi_t - \pi^*) + g(y_t - y^*) \end{aligned} \tag{3.3}$$

其中,$\bar{r}$ 则表示均衡名义利率。在式(3.3)中,$h > 0$ 是政策调整具有稳定性的条件,因为 $h < 0$ 表明,按此规则,通货膨胀率上升,应下调利

率,实际利率的下降会使通货膨胀率进一步上升,因而这是一种不稳定的政策调整。

在对泰勒规则的改进中,最重要的是利率平滑问题和前瞻性模型。关于前者,Williams(1999)认为,利率方向若频繁变动,会让公众以为中央银行实施了错误的政策,维持利率运动的方向有利于维护中央银行的信誉,所以中央银行存在利率平滑行为。Siklos(2002)认为,由于利率变化方向的频繁变动会不利于经济的稳定发展,中央银行在调整利率时总会试图使利率缓慢变化,利率的平滑现象可用利率的滞后项来刻画。基于利率平滑现象的泰勒规则为:

$$r_t^* = \rho r_{t-1}^* + (1-\rho)\left[r^* + h(\pi_t - \pi^*) + g(y_t - y^*)\right] \quad (3.4)$$

关于泰勒规则的前瞻性模型,Clarida、Gali 和 Gertler(1999)认为,对未来产出、通货膨胀的预期分别会影响当期的产出缺口、通货膨胀缺口,因此,在泰勒规则的原式基础上提出前瞻性利率规则(前瞻性模型):

$$r_t^* = \bar{r} + \beta(E[\pi_{t+i} \mid \Omega_t] - \pi_{t+i}^*) + \gamma E[y_{t+j} \mid \Omega_t] \quad (3.5)$$

式(3.5)中的 y_{t+j} 表示 $t+j$ 期的产出缺口,Ω_t 表示中央银行在 t 期用来制定利率时可获得的信息集,$i(j)$ 表示领先信息集的期数,E 表示预期算子。

此后,学者们在使用泰勒规则时普遍会考虑利率的平滑作用和采用前瞻性模型。

以上介绍的原式模型及其变形都是线性形式的,但出于以下两个原因,可以采用泰勒规则的非线性形式。一是货币政策效应具有非对称性,二是货币政策目标损失函数的非对称性和非线性。线性的泰勒规则模型将货币政策的作用视作是对称的,即在高通货膨胀或低通货膨胀情况下,按此模型规则,相应地提高或降低利率的幅度是相同的。

在 20 世纪 20 年代之前,货币政策的作用被认为是相对稳定的,紧缩性或扩张性货币政策的效果是对称的。直至大萧条时期,有研究发现紧缩性的货币政策有效,而扩张性的货币政策无效,同时流动性陷阱隐含了扩张性货币政策的效果具有局限性。因此,一般认为,在经济紧缩阶段实施扩张性货币政策所起的加速作用小于在经济扩张阶段实施紧缩性货币政策所起的减速作用,这种现象被称为货币政策的非对称性。此外,宏观经济运行也是非线性的,即经济在上行期和下行期运行状态有很大的不同。较之经济上行,经济下行通常会导致资产价格具有更大的不确定性,这很可能会造成恶性循环。金融失衡会使投资和支出下降,支出下降又导致经济紧缩,进而进一步增加资产价格的不确定性,恶化金融失衡现象。

关于货币政策具有非对称性的原因,大致有两种经济学的解释。第一种解释是公众的信心在经济周期的不同阶段会有所不同,而信心的变化存在非对称性。在经济萧条时期,悲观情绪会使投资和支出减少;在经济繁荣时期,乐观情绪会使投资和支出增加,但悲观情绪要远远多于乐观情绪。第二种解释是通货膨胀预期起着重要作用,经济环境是影响预期的重要因素。由于“随大流”的心理作用,公众的行为具有趋同趋势。在经济扩张时期,通货膨胀有上涨趋势,公众预期价格会继续上涨,货币政策的正向作用会得到加强,负向作用将受到削弱。在经济萧条时期,通货膨胀有下降趋势,人们预期价格会继续下降,货币政策的负向作用会得到加强,正向作用会受到削弱。因此,货币政策所引起的对价格和产出的调整作用呈现出非对称性。

货币政策的非对称性经实证研究证明确实存在。Cover(1992)使用 M1 代表货币供应量,使用两步 OLS 法,发现 1951—1987 年美国的货币政策对产出有非对称影响,紧缩性货币政策比同样规模的扩张性货币政策具有更强的作用。刘金全(2002)经实证研究发现,在我国,紧缩性货币政策对经济所起的减速作用大于扩张性货币政策对经济所起的加速作用,根据这一特点,可在经济运行的不同阶段采用相应的政策,从而更有利于经济的运行。由于货币政策非对称性的存在,自然地,探索泰勒规则非线性形式的研究也越来越受到关注。

线性的泰勒规则是中央银行在线性约束下根据二次标准目标损失函数采取的最优政策。但是现实中,中央银行对货币政策目标变量变化有非对称偏好,从而该损失函数设定的合理性受到许多质疑。后来,Tversky 和 Kahneman(1992)提出了具有幂函数形式的损失函数。赵进文和黄彦(2006)在对非线性泰勒规则的形式的研究中,利用了前瞻性经济结构和非二次福利函数设定目标损失函数。经济的演化过程由以下式子表示:

$$\pi_t = \theta E_t \pi_{t+1} + k y_t + \varepsilon_t^s$$
$$y_t = E_t y_{t+1} - \varphi(r_t - E_t \pi_{t+1}) + \varepsilon_t^d$$
$$(3.6)$$

其中,π_t 表示当期的通货膨胀率,y_t 表示当期的产出缺口,r_t 表示短期的名义利率,ε_t^s、ε_t^d 分别表示供给和需求冲击。

他们设定的非二次型损失函数为:

$$L_t = \frac{e^{\alpha(\pi_t - \pi^*)} - \alpha(\pi_t - \pi^*) - 1}{\alpha^2} + \lambda \left(\frac{e^{\gamma y_t} - \gamma y_t - 1}{\gamma^2} \right)$$
$$+ \frac{u}{2}(r_t - r^*)^2$$
$$(3.7)$$

其中,λ、u 表示中央银行对相应变量偏离目标值的厌恶程度;α、γ 包含了损失函数中非对称的信息。从中可以看出,$\alpha < 0$ 表示正的通货膨胀缺口会有更高的成本;$\gamma > 0$ 表示对于相同程度的正产出缺口和负产出缺口,对前者所赋予的权重更高;α、γ 同时为 0 时,则可得到标准的对称型二次损失函数:

$$L_t = \frac{1}{2}\left[(\pi_t - \pi^*)^2 + \lambda y_t^2 + u(r_t - r^*)^2\right] \qquad (3.8)$$

求解上述最优化问题,过程中将一阶条件的指数项进行一阶泰勒展开,将其线性化,并用实际值代替预期值,可以得到非线性泰勒规则的形式为:

$$\begin{aligned}
r_t =\ & (1-\rho)\big[r^* + c_1(\pi_t - \pi^*) + c_2 y_t \\
& + c_3(\pi_t - \pi^*)^2 + c_4 y_t^2\big] + \rho r_{t-1} + \nu_t \qquad (3.9)
\end{aligned}$$

其中, $c_1 = \dfrac{k\varphi}{u}$, $c_2 = \dfrac{\lambda\varphi}{u}$, $c_3 = \dfrac{\alpha k\varphi}{2u}$, $c_4 = \dfrac{\gamma\lambda\varphi}{2u}$

但是,这种二次函数形式的非线性泰勒规则已很少使用,当前研究中比较多的是利用平滑转化模型、门限自回归模型以及马尔科夫转换模型等研究非线性关系。本书在实证中选择使用平滑转化模型,具体的模型介绍见第 5 章 5.1 部分。

3.3.2　金融稳定目标与物价稳定目标的关系研究

毫无疑问,货币政策的一个重要目标是物价稳定,另一个是产出稳定,而货币政策是否应该把金融稳定也纳入目标体系呢? 要研究此问题,就要了解物价稳定目标的含义、在中国是否适用、金融稳定目标与物价稳定目标之间存在怎样的关系等问题。

3.3.2.1　通货膨胀目标制货币政策框架的含义

物价稳定目标也称为通货膨胀目标,它的出现迅速受到发达国家的欢迎,当时发达国家基本上实现了较低通货膨胀率和稳定的经济增长,这使得物价稳定目标在一段时期内成为讨论的焦点。Mishkin 和 Posen(1997)认为,实行通货膨胀目标制可以巩固中央银行反通货膨胀的成果。Svensson(1997)提出,中央银行实行通货膨胀目标制,预先宣布通货膨胀率目标,定期向公众报告实施情况及改进措施,能解决货币政策的时间不一致问题。

实际上,通货膨胀目标制货币政策框架可以更详细地描述为以既定通货膨胀目标水平为最终目标、以通货膨胀和产出缺口预测为中介目标、以短期利率为操作工具的一种货币政策操作框架。当通货膨胀的预测值处于目标值或目标区间时,则保持预先指定的货币供应量政策不变;当通货膨胀预测值高于目标值或目标区间最大值时,则实行紧缩性货币政策;当通货膨胀预测值低于目标值或目标区间最小值时,则实行扩张性货币政策。中央银行对公开宣布的实现特定时期内的通货膨胀目标作出明确的承诺。通货膨胀目标制下的货币政策对一个国家的经济、金融环境要求较高,如中央银行应保持独立性,中央银行对通货膨胀具有预测能力,货币政策工具对操作目标具有控制力,利率的传导机制须充分有效,货币政策透明、可信、连续、一致等。通货膨胀目标制货币政策框架的一个显著缺点在于"内在地缺乏透明度",通货膨胀目标制货币政策框架需要中央银行预测通货膨胀率,而预测是基于中央银行对经济的综合分析,因而预测值很容易不被公众所理解,这使得基于通货膨胀目标的货币政策操作存在"内在地缺乏透明度"。

3.3.2.2 通货膨胀目标制货币政策框架在我国的适用性

虽然国内研究已在关于中国货币政策操作应该由相机抉择向规则化转变方面形成共识,但在货币政策的目标方面还存在分歧。我国在 1996 年才采用货币供应量作为货币政策的调控目标,但是,基础货币投放难以确定、货币乘数不稳定、货币流通速度较慢,货币供应量很难达到货币政策的要求。随着越来越多的国家采用了通货膨胀目标制货币政策框架并取得了成功,国内学者也开始认为,我国可以逐步建立一个通货膨胀目标下的货币政策框架,直接盯住通货膨胀率。夏斌和廖强(2001)分析了我国采用货币供应量作为货币政策调控目标无效的原因,认为有必要实行通货膨胀目标制货币政策框架,但也指出通货膨胀目标制货币政策框架可控性差,为其在发展中国家的应用增加了困难。通货膨胀目标制货币政策框架本身对经济金融环境以及技术要求较高,理论界甚至认为这一框架不适合发展中国家。关于通货膨胀目标制货币政策框架在我国的不适用性,余明(2003)总结了四点原因。第一,我国中央银行的独立性较弱,由此中央银行货币政策的连续性与有效性大打折扣。第二,我国的货币政策实质上面临着多个目标的约束,加之金融体系不完善,加大了我国实行通货膨胀目标制货币政策框架的成本。第三,我国实行通货膨胀目标制货币政策框架存在诸多技术困难。准确地预测通货膨胀率是通货膨胀目标制货币政策框架的一个基础。迄今为止,对通货膨胀率的预测仍然是不精准的,我国可能还达不到实施通货膨胀目标制货币政策框架的要求。第四,我国利率还未实现市场化。通货膨胀目标制货币政策框架要求利率作用于价格的传导机制是充分有效的,而我国目前的条件还不能满足这一要求。

3.3.2.3　金融稳定目标

20世纪70年代之前,金融不稳定往往与通货膨胀相伴而行,两者具有高度一致性,这也使得早期的主流经济理论将物价稳定视为金融稳定的充分条件。Schwartz于1988年指出,实现物价稳定的货币政策会减少中央银行作为最后贷款人的干预,从而实现金融稳定,他也是较早对金融稳定与货币稳定之间关系进行研究的学者之一。他在1995年对此问题作了进一步阐述,以物价稳定为目标的货币政策为经济提供了稳定且可预测的利率环境,有利于保持金融系统的稳定性。Bernanke和Mishkin(1997)也认为,物价稳定和金融稳定具有高度一致性,两者可以在通货膨胀目标制的货币政策框架下同时实现。同样地,Bordo 等(2000)也认为,实现物价稳定的货币政策也将促使金融系统趋向稳定。总体来看,由于 20 世纪 70 年代之前的金融危机基本上都是在经济不稳定和高通货膨胀条件下发生的,这样的历史经验和现象形成了早期的将金融稳定视为物价稳定的"副产品"的理论。

20 世纪 70 年代以后,随着现代金融体系的发展,经济金融运行环境的不断变化,上述理论所依赖的经济基础发生了明显的变化。在世界经济一体化的大背景下,全球金融资产规模迅速增大,资产价格波动逐渐取代传统的一般物价波动,成为宏观经济不稳定的主要来源。这一点很容易从资产价格周期和经济周期之间不断增强的相关关系中得到证实。Goodhart、Hofmann 和 Segoviano(2004)的研究发现,自 20 世纪 70 年代以来,银行信贷对资产价格波动的敏感性一直处于上升趋势之中,尤其是在 20 世纪 90 年代以后呈现出了显著增加的趋势。随着资产价格对宏观经济波动的影响越来越重要,价格稳定和金融稳定之间的背离关系也日渐明显,传统的货币政策还遇到了一些新问题。例如,扩张性货币政策并不一定会导致明显的通货膨胀,低通货膨胀和高资产价格可能长期并存。Blanchard 等(2010)就发现,在危机前的大多数情况下,核心通货膨胀和产出缺口都基本稳定,但资产价格问题已相当突出,这说明在一定时期内可能同时存在金融不稳定和物价不稳定。事实上,自 20 世纪 70 年代以来,很多金融危机都是在没有出现明显通货膨胀的背景下发生的:例如,20 世纪 80 年代后期的日本"泡沫经济",90 年代的东南亚金融危机以及 2008 年美国次贷危机等,这些国家或地区在当时都实现了合理的物价稳定,但随后都遭受了可怕的危机。

由于背离现象的经常性出现,使得传统的"物价稳定充分论"逐渐失去了说服力。Borio 和 Lowe(2002)、Schinasi(2003)等提出了"新环境假说",认为货币稳定并不是金融稳定的充分条件。Borio 和 Lowe

(2002)认为,以物价稳定为目标虽然有助于降低通货膨胀压力,但在经济繁荣时,供给的一个暂时正向冲击也可以带来物价稳定,此时,产生的乐观预期可能导致信贷的过度发生和投资的盲目扩张,致使风险悄然积聚。Schinasi(2003)指出,中央银行在执行货币政策时还常会面临两难:为了稳定通货膨胀,需要提高利率,但一旦利率提高,又可能使那些对利率敏感的大型银行面临更大的风险,造成金融机构的不稳定。在两难之下,中央银行可能最终不得不减缓执行之前其对货币政策目标的承诺。此外,在近些年,通货膨胀率本身也出现了一些新的情况。例如,使用 CPI 衡量通货膨胀不再准确,CPI 的上涨有时只是由某一小部分商品价格的暴涨引起的,以及 CPI 的变化不能显著先于金融危机的发生。因此,在以通货膨胀为主要目标的货币政策框架中,如果 CPI 指标出现偏差,就有可能为系统性风险埋下祸根。由于国际上一直倾向于通过观察 CPI 或核心 CPI 来判定通货膨胀水平,因而在 CPI 发生新的变化后,相应的政策框架也没有及时作出有效的调整时,原有的政策很可能会对全球范围内的资产价格泡沫和通货膨胀起到推波助澜的作用。

以上现象使得定位于价格稳定的传统货币政策面临困境。在全球经济金融一体化的背景下,金融不稳定会造成严重的全球性经济和社会损失,并且,金融不稳定几乎必定会导致货币不稳定。这都在提醒当局者们,基于物价稳定的货币政策再也不能无视日益严重的金融不稳定,必须将金融稳定和物价稳定同时纳入政策目标。

我国《银行法》明确规定,制定和实施货币政策以及维护金融稳定是中国人民银行的两大职能,所以,传统的货币政策目标和金融稳定目标都是中央银行所关注的,传统的货币政策目标和金融稳定目标可以互相协调,促进经济的良性发展,具体关系可见图 3.2。

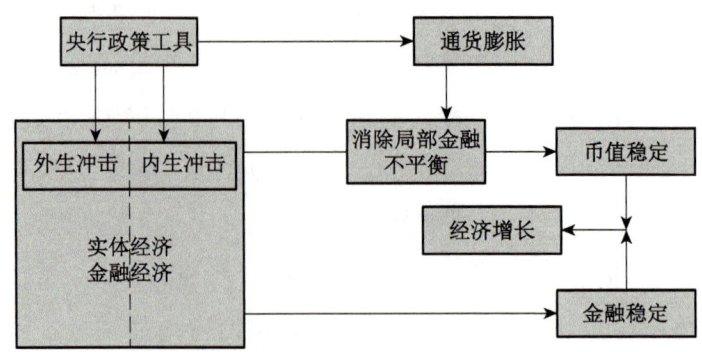

图 3.2　金融稳定目标与传统的货币政策目标间的协调关系

资料来源：王爱俭和刘通午(2012)。

3.3.3　金融稳定与货币政策关系的理论研究

3.3.3.1　货币政策如何影响金融稳定

从理论上看,货币政策可以通过以下三种渠道对金融稳定产生影响。一是货币政策决策会影响经济主体对未来经济增长前景和商业利润的预期,并由此引发经济和金融决策的系统性变化。二是利率的变化可能会改变经济主体用于折现预期收入流的一整套贴现因子,从而对金融市场的定价基准产生影响。三是政策利率的变动会引发资产组合的结构性变化,并由此对资产的相对价格产生影响。

事实上,不仅物价稳定和金融稳定之间存在内生性关联,货币政策本身的实施过程也会最终传递至金融稳定的表现上,如图 3.3 所示,货币政策通过各种工具的运用,实现对货币市场、资本市场、外汇市场和商品市场的调控,这些调控措施将通过货币政策传导机制最终对金融层面和实体经济层面的供求关系产生影响。此时,不仅金融体系内的供求变化及其结果将直接影响到金融稳定,而且实体经济层面的供求变化及其结果也会最终反馈到金融稳定上去。如果考虑到"金融加

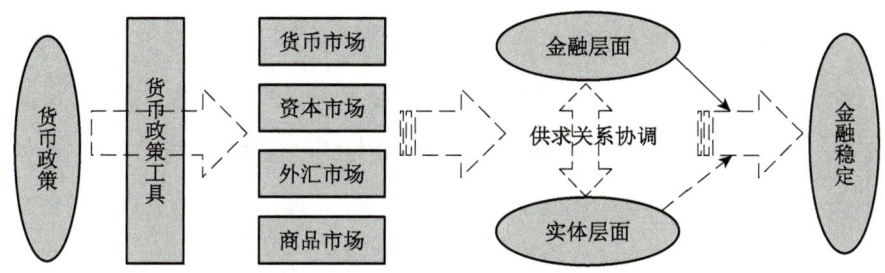

图 3.3　金融稳定与货币政策之间的联系机制

资料来源：马勇(2016)。

速器效应"的存在,实体经济层面的变化极有可能以放大的形式形成对金融稳定的冲击。

在 2008 年全球金融危机爆发之前,世界经济伴随着全球化进程进入了一个空前繁荣的时代。经济的高速增长和低通货膨胀是这段时期最显著的特征,在低利率、低风险面前,资产价格的上涨更多地被看成是繁荣的象征,而其内含的警示作用被忽视了,这使得潜在的金融风险被低估了。通过研究此次危机前的经济环境可以发现,货币政策影响经济和金融稳定的传导机制发生了一些重要变化。一方面,大量资金在政策和监管范围之外,货币供应量指标难以反映市场的真实融资情况。例如,信用衍生品和影子银行发展迅速,资产价格、杠杆率和流动性风险等问题严重,是极有可能导致金融不稳定的因素,却未得到足够的重视和有效的监管。另一方面,物价指数不能反映真实的价格变化,存在部分物品价格过高而物价指数平稳的现象。房地产领域和股市的价格过高,存在较大的泡沫。而整体的物价指数仍然正常,这样,在通货膨胀目标制货币政策框架下,物价的稳定会导致监管部门得出货币政策无须调整的结论。此前,美国通货膨胀率一直未超出过规定的范围,所以美国实施了很久的宽松的货币政策,但这促使了风险的长期积累且未得到及时关注和解决,最终金融危机全面爆发。

总体上,经过 2008 年的全球金融危机,学者们普遍认识到,经济、金融环境发生了新的变化,物价稳定已不是金融稳定的充分条件,而仅是必要条件。如果中央银行在制定和实施货币政策时只关注于物价稳定,则可能会导致经济和金融失衡。同时,当对经济过于乐观或对低利率有长期的预期时,盯住通货膨胀目标的货币政策很难及时发现潜在的风险。这意味着,若将货币政策目标局限于物价稳定,可能会无意识地放任金融失衡的日益扩大,使整个经济、金融系统积累过多的风险。因此,中央银行仅以物价稳定作为货币政策的目标是不够的,同时关注物价稳定与金融稳定是更好的选择。

3.3.3.2 纳入金融稳定目标的货币政策规则理论

前文的分析表明,传统的基于物价稳定的货币政策事实上并不足以确保金融稳定,应关注金融稳定问题。于是,接下来面对的问题就是:如果传统的货币政策无力保持金融稳定,那么,将金融稳定目标纳入货币政策框架是否具有经济学理论基础?这里介绍有关金融稳定与货币政策规则理论的一个经济学角度的分析,以便清晰地理解此问题。

一般地,货币政策主要是通过调整利率从而影响产出和通货膨胀的。当利率 r_t^f 高于均衡利率 r_t^* 时,会有抑制产出和通货膨胀的趋势,此时将产生负的产出和通货膨胀缺口;当利率 r_t^f 低于均衡利率 r_t^* 时,会有利于产出和通货膨胀水平的提高,此时将产生正的产出和通货膨胀缺口;而当利率 r_t^f 恰好等于均衡利率 r_t^* 时,产出和通货膨胀回归稳态水平,其缺口值均为 0。这样的机制过程可用式(3.10)和式(3.11)两个基本方程概括:

$$y_t = \bar{y}_t - k_y(r_t^f - r_t^*) \tag{3.10}$$

$$\pi_t = \bar{\pi}_t - k_\pi(r_t^f - r_t^*) \qquad (3.11)$$

其中，$\bar{y}_t$ 和 $\bar{\pi}_t$ 分别表示稳定状态时的产出和通货膨胀率，k_y 和 k_π 分别表示产出和通货膨胀缺口相对于利率的弹性系数。k_y，$k_\pi > 0$。

在给定利率与产出、通货膨胀的关系后，采用类似 Diamond 和 Dybvig(1983)以及 Agur(2009)的模型框架来分析中央银行货币政策对金融稳定的影响。银行决策函数的基本目标是通过构建资产组合，实现预期收益的最大化，这也可以用来表示银行业所面临的风险。假设银行投资于风险项目的比例为 α_t，预期回报率为 r_t^A；投资于无风险项目的比例为 $1-\alpha_t$，收益率为无风险利率 r_t^f。一般地，$r_t^A > r_t^f$，即风险项目可获得更高的预期收益率，但同时也会增加金融不稳定的概率。当银行遭遇危机时，对银行自身造成的损失为 γ^b，对社会造成的损失为 γ^s，一般地，有 $\gamma^s > \gamma^b$。此外，假定银行发生危机的概率为 $(\alpha_t)^2$ [①]。

在求解之前，首先需要界定中央银行和银行之间的博弈关系。根据中央银行制定货币政策与银行作出投资决策的顺序不同，它们之间的博弈关系可分为纳什博弈和斯坦克尔伯格博弈。若双方同时作出决策，就构成了纳什博弈；若中央银行先于银行作出决策，就构成了斯坦克尔伯格博弈。马勇(2016)经过对两者的均衡过程进行比较发现，相比纳什博弈，斯坦克尔伯格博弈能更好地描述中央银行货币政策与银行风险承担行为之间的动态关系。

给定贴现率水平 θ，银行的最优化问题可描述为：

$$\max_{\alpha, \forall t} P = \max\left\{\sum_{t=0}^{T} \theta^t \left[(1-\alpha_t)r_t^f + \alpha_t r_t^A - \gamma^b (\alpha_t)^2\right]\right\} \qquad (3.12)$$

---

① 这种二次型设定可以使我们无须假设风险厌恶而获得银行最优化的分散投资决策(Agur, 2009)。此外，很多实证分析也表明，银行的违约率与其风险承担水平凸性相关(Kocagil 等，2002；Halling 和 Hayden，2006)，这意味着二次型的设定是实证结果的一种良好近似。

通过求解此问题的二阶条件,知其小于 0,再根据一阶条件可求得式(3.12)的最优解 α_t 为:

$$\alpha_t = \frac{r_t^A - r_t^f}{2\gamma^b} \tag{3.13}$$

显而易见,银行最优的风险承担水平 α 随着风险项目的预期收益率水平上升而上升,同时随着中央银行的政策利率 r^f 和危机损失成本 γ^b 的上升而下降。

在考虑了金融风险成本后,损失函数也发生了变化,具体地,此时中央银行的目标损失函数为:

$$\min_{r_t^f \geqslant 0, \forall t} L = \min_{r_t^f \geqslant 0, \forall t} \left\{ \sum_{t=0}^{T} \theta^t \left[(1-\lambda)\left[(y_t - \bar{y}_t)^2 + (\pi_t - \bar{\pi}_t)^2 \right] + \lambda \gamma^S (\alpha_t)^2 \right] \right\}$$

$$\tag{3.14}$$

其中,λ 表示中央银行赋予金融稳定目标的权重,$0 < \lambda < 1$。显然,λ 值越大,表示中央银行对金融稳定的重视程度越高。根据前文设定,$\gamma^S (\alpha_t)^2$ 表示金融危机会产生 γ^S 的社会损失。将上文中 $y_t = \bar{y}_t - k_y(r_t^f - r_t^*)$,$\pi_t = \bar{\pi}_t - k_\pi(r_t^f - r_t^*)$ 和 $\alpha_t = \frac{r_t^A - r_t^f}{2\gamma^b}$ 带入中央银行的损失函数,可将中央银行的最优化问题描述为:

$$\min_{r_t^f \geqslant 0, \forall t} \left\{ \sum_{t=0}^{T} \theta^t \left[(1-\lambda)[k_y^2 (r_t^f - r_t^*)^2 + k_\pi^2 (r_t^f - r_t^*)^2] + \lambda \gamma^S \left(\frac{r_t^A - r_t^f}{2\gamma^b} \right)^2 \right] \right\}$$

$$\tag{3.15}$$

易求得最优解为:

$$r_t^f = \frac{Ar_t^* + Br_t^A}{A + B} = r_t^* + \frac{B(r_t^A - r_t^*)}{A + B} \tag{3.16}$$

其中，$A = 2(1-\lambda)(k_y^2 + k_\pi^2)$，$B = \dfrac{\lambda \gamma^S}{2(\gamma^b)^2}$。

由式(3.16)可以发现，当中央银行不考虑金融稳定因素时，即 $\lambda = 0$ 时，可得 $r_t^f = r_t^*$，也就是说，在不关注金融稳定目标的情况下，中央银行应将利率设定为不考虑金融不稳定成本的市场均衡利率水平。而当中央银行在制定货币政策时考虑金融稳定问题时，即 $0 < \lambda < 1$ 时，由于 $r_t^A > r_t^*$ [①]，$A > 0$，$B > 0$，此时最优利率 $r_t^f > r_t^*$。这说明当中央银行考虑金融稳定因素后，最优的利率水平要高于不考虑金融稳定时的水平。此外，从以上分析中还可以得到以下几点结论：第一，一个稳定的货币政策需要考虑金融稳定因素；第二，考虑金融稳定因素的货币政策规则有助于降低金融风险成本；第三，中央银行越重视金融稳定则越应设定较高的政策利率；第四，在考虑了金融稳定后的目标利率会随着利率的市场溢价[②]上升而上升。

以上的经济学理论模型分析说明，中央银行的货币政策规则中是否关注金融稳定问题，对目标利率的设定有着重要的影响。只关注产出和物价稳定目标，不关注金融稳定目标时，目标利率将会被低估。在低利率条件下经济和金融得到了暂时的看似繁荣的发展，但等到积累的风险引发危机时，金融不稳定所带来的危害远远大于此时的繁荣带来的成果，换而言之，保持金融的稳定发展对保持经济长期健康运行有重大的作用。所以，中央银行既要关注当前的产出、通货膨胀，也要关注未来的产出、通货膨胀，并且关注了未来的产出、通货膨胀后，也必须关注金融稳定因素。若使用泰勒规则研究此问题，则说明需要使用包含金融稳定因素的前瞻性泰勒规则。

---

①　当且仅当风险项目的预期回报率高于市场预期的均衡利率时，投资者才会选择投资，所以 $r_t^A > r_t^*$。

②　$r_t^A - r_t^*$ 可看作利率的市场溢价水平。

3.3.4　将金融稳定纳入货币政策目标的形式研究

根据上文所述,关于金融稳定在货币政策中的角色主要存在两种观点。一种传统的观点认为,中央银行将目标定为物价稳定和产出稳定是最优的,金融危机的预防属于监管的范畴而不应是货币政策的目标,中央银行会在金融失衡发生之后进行政策调整。著名的"杰克逊霍尔共识"①就是这种观点的代表之一,Bernanke(2002),Posen(2006)等也持这种观点。另一种不同的观点认为,物价稳定是金融稳定的必要条件而非充分条件。近年来,物价稳定并没能阻止金融不稳定的发生,所以,中央银行应积极地关注金融稳定。此外,从经济学角度分析,也确实存在金融稳定与货币政策及货币政策规则之间关系的理论基础,将金融稳定作为新目标纳入货币政策目标的可行性和必要性是充分的。

关于将金融稳定纳入货币政策目标的形式,更多的学者建议将金融稳定作为独立于传统货币政策目标的另一新目标,这样金融稳定情况对货币政策的影响是直接且清楚的。持这种观点的主要有 Borio 和 White(2004),Roubini(2006),Woodford(2012)等。在 2008 年之前,第一种传统观点被普遍接受,2008 年全球金融危机的发生使西方学术界的学者们对现行货币政策的适用性产生了怀疑,此后,越来越多的学者开始研究将金融稳定目标纳入货币政策的框架。Woodford(2012)就认为,中央银行的损失函数除了包含通货膨胀率和产出缺口外,还应包括能够反映金融稳定程度的某种衡量指标。葛奇(2016)对金融稳定是否应纳入货币政策目标以及应该使用怎样的指标衡量金

---

① "杰克逊霍尔共识"认为鉴于中央银行的货币政策是以稳定物价和促进经济增长为目标的,只有当金融稳定情况影响到对通货膨胀和产出的预期时才应该被决策者考虑。

融稳定等问题进行了总结,认为将金融稳定作为独立的目标纳入货币政策目标是主流观点,利用损失函数可发现金融稳定对通货和产量的影响。黄佳和朱建武(2007)发现,以货币稳定为目标的货币政策没能实现金融稳定,随后,将金融稳定目标纳入货币政策框架后发现,银行信贷和房价都是需要关注的金融变量。

当前,将金融稳定目标纳入货币政策框架的研究方法主要有两种被广泛使用:一种是将金融因素纳入动态随机一般均衡(DSGE)模型;另一种是将金融稳定指标纳入泰勒规则,构建扩展的泰勒规则。马勇(2013)总结到,将金融稳定因素植入 DSGE 模型主要有四种方式,分别是围绕金融加速器机制、抵押物约束机制、银行资本机制、利用银行(信贷)利差进行建模。可以看出,DSGE 模型是建立在跨期一般均衡的微观基础之上的。Benjamin Kafer(2014)提出可以将代表金融稳定情况的指标直接纳入泰勒规则,这样的指标可以是某个目标资产价格变量或者金融变量,也可以是由相关的多个变量合成的指数。指数相较于单个变量的优点在于它允许了中央银行对金融不平衡有更广泛的反应,况且这样的考虑也更接近实际情况。Castro(2011)也认为,相较于使用某种资产价格指标或金融变量指标作为金融稳定的代理指标并将其纳入货币政策反应函数,使用对多个指标赋权而合成的一个综合指数是更好的方法,原因在于中央银行可能并不总是关注某种资产价格或某个金融变量,那么,将相关指标合成金融稳定指数可以更好地涵盖中央银行关注的目标。万光彩、张霆和卫松涛(2015)认为,货币政策关注金融稳定的主要方式是根据"古德哈特"建议,构建包括一般物价与资产价格的"广义价格指数",并将此指数作为货币政策的参考目标或 CPI 的替代目标。同时,此指数作为对未来通货膨胀率的反映,中央银行在实践中只要关注此指数,便可以实现保持物价稳定的同时兼顾金融稳定的目标。"广义价格指数"已先后经历了货币状况指数、金融状况指数、金融稳定状况指数等三种形式。Albulescu 等人（2013）从金融市场、银行、外部约束等三个维度构建相应的不稳定子指数，并将它们纳入泰勒规则来评价欧洲中央银行货币政策的表现，结果显示，不稳定指数的引入改善了泰勒规则。在 2005—2009 年，不稳定指数对利率变动的贡献率高达 54%，其中，金融市场和银行的不稳定是影响利率设定的主要因素。Castro（2011）在探讨欧洲、英国、美国中央银行的货币政策应该由线性还是非线性泰勒规则描述时，分析了是否可以引入金融状况指数来将泰勒规则扩展。结果表明，欧洲中央银行对金融状况有反应，且欧洲中央银行、英国中央银行的货币政策具有非线性特点。Baxa 等人（2013）为了检验美国、英国、澳大利亚、加拿大、瑞典等各国中央银行在过去 30 年间是否考虑了金融稳定，构建金融压力指数作为金融稳定的衡量指标并将其纳入泰勒规则，还创新性地使用了状态空间模型，得到具有时变参数的泰勒规则。结果表明，在面对较高的金融压力时，中央银行通常实施降低利率的政策。

目前，国内很多学者已用不同的方法说明了货币政策中的泰勒规则能够较好地拟合我国的货币政策，也开始将金融市场情况以指数形式纳入泰勒规则。封北麟和王贵民（2006）将构建的金融状况指数作为目标和信息变量纳入泰勒规则，发现利率对金融状况的松紧变化反应不足，这造成了金融不平衡和金融泡沫的累积。刁节文、章虎和李木子（2011）构建了反映金融整体形势宽松程度的金融形势指数，将其纳入泰勒规则，发现利率对金融宽松程度有准确的反应。王彬（2009）构建了金融形势指数，用以反映中国货币及金融市场形势的变化，并将其纳入麦克勒姆规则。结果表明，中央银行调控对资本市场价格变化反应不显著。卞志村、孙慧智和曹媛媛（2012）将金融形势指数加入货币政策规则，与麦克勒姆规则相比，泰勒规则的模型拟合效果更好。刁节文和章虎（2012）又将金融形势指数作为信息变量纳入线性和非线性泰勒规则中进行研究,结果表明,拓展的前瞻性泰勒规则更能描述我国利率,通货膨胀对利率的影响具有非对称效应。郭红兵和杜金岷(2014b)用金融状况指数代表金融稳定并将其纳入前瞻性货币政策反应函数进行研究,结果表明我国货币政策在实践中关注了金融稳定,且更倾向于关注短期金融稳定而非长期。高洁超和孟士清(2015)将金融条件指数纳入工具变量集,间接得出中央银行在调整货币政策时考虑了金融市场形势的结论。

综上所述,将金融稳定作为货币政策目标之一加入货币政策规则的可行性具有理论基础,并且较之单一的金融指标,使用多个指标合成的综合指数并将其加入货币政策反应函数中更合适。此外,国外学者还重点研究了将代表金融稳定的指数纳入货币政策反应函数后,货币政策规则(主要是泰勒规则)的变化,并发现了金融稳定与货币政策存在非线性效应——即在不同的经济环境下,金融稳定的变化对经济产生的影响程度是不同的,以及验证了货币政策规则存在时变特征——货币政策规则存在随时间变化的特点。相对地,我国的相关研究还比较浅显,主要存在的问题有:第一,关于金融稳定目标加入货币政策反应函数中的形式,国内使用单一金融指标或是构建衡量货币环境宽松程度的金融状况指数或金融形势指数等作为金融稳定的代理指数的较多,这种方法下构建的指数不能够直接及准确地衡量我国的金融稳定情况,从而对后续有关金融稳定和货币政策的关系研究产生影响;第二,从目前国内对未包含金融稳定目标的货币政策规则的研究中发现,基于相同货币政策,在不同的经济环境条件下,产出或通货膨胀的变化对利率的影响效果是相同的,这与理论不一致,若按照此规则进行宏观调控会低估货币政策的效果,产生不良的后果。当将金融稳定目标纳入货币政策反应函数后,货币政策的目标变量在不同经济阶段的变化是否引起利率不同程度的变化,以及我国货币政策制定中是否关注了金融稳定,是否趋于按照规则调整等都还需要研究和验证。本书对这些问题进行了全面研究,说明加入了金融稳定目标的泰勒规则可以为货币当局进行更有效的宏观调控提供良好的参考。

此部分研究的创新点主要有以下几点。第一,在金融稳定目标和货币政策规则的研究中,本书使用 CFSI 作为金融稳定的代表并将其加入货币政策目标中。与一般研究中常用单一金融指标或是衡量货币环境宽松程度的金融状况指数、金融形势指数等作为金融稳定的代理指标不同,中国金融稳定指数由多指标合成,能够反映金融系统稳定性综合、平均、动态的变化,CFSI 是紧扣金融稳定内涵构建的既能准确反映我国金融稳定情况又对通货膨胀和产出有预测能力的指数,使用 CFSI 有利于改进研究的效果。第二,对纳入金融稳定目标后的我国货币政策规则进行全面研究,本书发现了加入金融稳定目标的货币政策规则具有未包含金融稳定目标的货币政策规则所不具备的特点。例如,在通货膨胀率高的经济条件下,金融稳定度会显著地影响利率,产出缺口的扩大对利率的影响比在通货膨胀率低的经济条件下更大等,这可以为不同的经济环境条件下货币政策的实施提供更有针对性的指导。同时,使用近年来的数据进行研究,发现我国货币政策的制定显著地关注了金融稳定,并且呈现出参照含有金融稳定目标的泰勒规则进行调整的趋势。

4 中国金融稳定指数的
编制及实证检验

本章的主要内容是关于中国金融稳定指数的编制及相关的实证检验。本章以前面章节中金融稳定指数的编制理论为依据，从界定金融稳定内涵入手，提出了应该从"能力"的角度理解金融稳定，同时首次提出中国金融稳定指数的定义。在中国金融稳定指数的具体编制方面，详细说明了指标的选取过程、数据的预处理过程。本章说明了赋权思想和方法，从金融稳定的目的——促进经济的健康发展出发，认为根据各指标对经济增长的影响程度来赋权是合理的。具体采用了基于广义脉冲响应函数法、结构向量自回归模型法和状态空间模型法的三种计量模型赋权法。并对得到的三个指数进行了描述性统计分析、相关性检验、差异性检验以及与主要宏观指标的相关性检验来确定最终的中国金融稳定指数。

具体来说，本章 4.1 是介绍中国金融稳定指数的编制，包括相关概念的界定、指标的选取研究、指数的编制及结果。4.2 论述了对中国金融稳定指数的实证检验，包括三个金融稳定指数的描述性统计分析、三个金融稳定指数的相关性检验、三个金融稳定指数的差异性检验、三个金融稳定指数与主要宏观经济指数的相关性检验。

4.1 中国金融稳定指数的编制

4.1.1 相关概念的界定

本书认为相较于定义什么是金融不稳定,直接从正面定义金融稳定更恰当,Daniela Zapodeanu 和 Mihail-Ioan Cociuba(2010)也提出了这样的看法,他们认为直接从正面定义金融稳定可以更好地理解其含义,且现有的文献中较多地使用了正面定义法。

对当前诸多的金融稳定定义进行梳理后,本书认为金融稳定的定义表达形式多样,但这些定义的本质都围绕着金融系统的两种"能力"。本书从"能力"的角度来界定金融稳定的内涵,认为金融稳定表明金融系统具有能够正常履行其经济职能的能力且金融稳定还意味着金融系统具有抵御一定外部冲击的能力,即在金融稳定的状态下,金融系统具有两种"能力"——"正常履行其经济职能的能力"和"抵御一定外部冲击的能力"(分别简称为"第一种能力"和"第二种能力")。早期关于金融稳定的定义侧重于体现其中的一种能力。有关金融稳定的第一个定义是笼统的,仅体现了支付体系需具有能安全有效地履行其功能的能力。Dulsenberg(2001)的定义明确地表明金融体系在稳定状态下需具备能自如地履行其职能的能力。随着各国学者研究的深入,有关金融稳定定义的形式越来越多样化,但开始出现能够同时体现两种能力的阐述,代表人物如 ECB 的 Tommaso Padoa-Schioppa(2003),国际货币基金组织的研究人员 Houben 等人(2004),Schinasi(2004),Jan Willem van den End(2006),Daniela Zapodeanu 和 Mihail-Ioan Cociuba(2010),OeNB(2012)等。此外,我国中央银行对金融稳定的定义也着重体现两种"能力",并明确了关键职能的内容,包括资源配置、风险管理和支付结算等关键功能。

关于金融稳定定义的外延，根据国内外的研究发现，在金融市场中，银行部门、股票市场以及开放经济中的外汇市场对金融稳定的影响最大，这也是金融不稳定过程中发生危机传导的主要部门。甚至很多研究中使用银行部门的稳定性或股票市场的稳定性作为整个金融系统稳定性的代表，如 Elena Muchwva Mihajlovska（2013），Viorica Chirila 和 Ciprian Chirila（2015），万晓莉（2008），杨立勋和周之奇（2015）等人的研究。在借鉴国内外研究的基础上，本书重点考虑金融系统中的银行部门、股票市场、外汇市场等。

在国内，很少有学者提出金融稳定指数的具体概念。综上所述，本书给出中国金融稳定指数的定义：中国金融稳定指数是综合反映中国金融系统稳定情况以及动态反映其变动方向和程度的一个平均数，其值以 0 为分界点，大于 0 则表明金融系统处于稳定状态，小于 0 则表明金融系统处于不稳定状态。具体来说，此指数是能够反映金融系统"正常履行其经济职能的能力"和"抵御一定外部冲击的能力"的指数，是能够体现金融系统与经济关联的经济指标等的加权平均数，可以为金融监管部门提供有关我国金融稳定情况的参考依据，可以作为相关宏观经济指数的领先指数。

4.1.2 指标的选取研究

IMF 发布的《指南》具有一定的代表性和权威性，但由于统计口径不一致，许多指标在我国无法获得相应的数据，如调整的 Ⅰ 级资本对风险加权资产的比率、贷款在各经济部门的分布比率等。所以，照搬《指南》中的指标体系不具有可行性。本书以紧扣金融稳定内涵为思想，着重选取体现两种"能力"的相关指标。考虑到我国的实际情况，即我国的金融体系自身在定价功能和风险管理方面不够完善，所以，针对"第一种能力",重点考虑其资源配置等中介功能。本书考查的指标如下所述。

存贷款利率差:该指标是银行系统盈利能力的近似代表性指标,在一定程度上可以体现银行系统作为中介的资源配置有效性。《指南》中关于盈利能力的核心指标为资产利润率、资本利润率等,但我国只有 2008 年美国次贷危机以后的数据,不利于进行实证研究,可用存贷款利差指标近似表示银行系统盈利能力。具体来说,虽然一定的利差能为银行带来较高的利润,有利于保持其稳定性,但同时也传递了系统发展不够成熟和不够完善的信号。过高的利差意味着金融中介资源配置的低效,不断增加的利差会出现在金融不稳定的时期(Albulescu,2010)。国际上,Miguel 和 Estrada(2010),Albulescu(2010),Stefano Puddu(2012)皆选用了此指标。综上所述,此指标是体现"第一种能力"的指标。

证券化率:相比于银行资产占 GDP 的比重,证券化率指标更能体现信贷部门发挥金融中介的能力水平(方兆本和朱俊鹏,2012)。证券化率是股票市价总值占 GDP 的比重,衡量了虚拟经济与实体经济的比例,在一定程度上反映了证券业资源配置功能的水平,所以,此指标是体现"第一种能力"的指标。证券化率越高,意味着更多的资金留在股市,实体经济的发展会受到影响,这将不利于金融系统的稳定。另外,证券化率是反映资本市场发展的指标(Albulescu,2010),在我国股市一直存在泡沫的背景下,它也是测量股市泡沫的重要指标(周海欧和肖茜,2015)。此指标不断增大,意味着虚拟经济相对于实体经济发展过快,资本市场泡沫越来越大,将不利于金融稳定。

国内信贷/GDP:体现了金融系统发挥金融中介功能的能力水平(Albulescu,2010,郭红兵和杜金岷,2014),是体现"第一种能力"的指标。关于该指标对金融稳定的影响,学者们有不同的看法。Albulescu

(2010)认为,该值越高,金融体系就越发达和成熟;而有的学者则认为,此指标提供了系统性风险的信号(Nicholas Cheang 和 Isabel Choy,2011),认为信贷的快速增长往往伴随着贷款标准的降低和金融危机的出现。本书倾向于后者的观点。Leeper 和 Nason(2014)也提到,BIS(国际清算银行)宣称信贷/GDP 是金融风险的一个领先指标,它是经济中杠杆效率的衡量指标。

商业银行不良贷款率:此指标被国内外的研究机构和学者普遍使用,是衡量银行资产质量的重要指标之一,较高比例的银行不良资产构成了对金融体系甚至整个经济的威胁。商业银行不良贷款率指标用于评价银行经营状况的风险,是衡量信贷风险的指标(Miguel 和 Estrada,2010)。所以,此指标是体现"第二种能力"的指标。商业银行不良贷款率越高,表明商业银行的损失可能越大,抵御信用风险的能力越弱,从而金融系统稳定性越差。

存贷款比率:存贷款的扩张是信贷繁荣的一个重要标志,若信贷繁荣没有伴随存款的扩张则显示了金融系统潜在的不平衡(Albulescu,2010)。存贷款比率指标表明银行部门是否存在有效发挥金融中介功能的困难(方兆本和朱俊鹏,2012),存贷款比率过高会导致银行支付危机,影响金融系统的稳定性,严重时可能会导致金融危机的发生。所以,存贷款比率指标可以体现金融系统防范流动性风险的能力。

股票市盈率:金融系统的稳定要求资产价格平稳,即稳定的金融系统要有防止较高的资产泡沫风险的能力,过高的资产价格必然隐藏着资产泡沫破裂的风险。那么,能够衡量资产价格泡沫的指标可以用来反映金融系统抵御资产泡沫风险的能力,股票的市盈率是衡量资产价格平稳程度的指标,符合要求。该指标值越高,表明股票市场的泡沫越大,不利于金融系统的稳定。

实际有效汇率指数:外部风险也是对一个国家金融系统稳定性的冲击

之一,其中最主要的是外汇风险的冲击,衡量一个国家金融系统抵御外汇风险能力的常用指标是实际有效汇率指数。实际有效汇率指数的大幅度波动意味着金融系统抵御外汇风险能力脆弱,不利于金融系统稳定。

前文已经说明金融系统的稳定性与宏观经济联系紧密,那么,宏观经济的运行情况也能影响和反映金融系统的两种"能力"。前文已从理论上说明了金融稳定与通货膨胀、房地产价格、政府绩效和货币量之间存在密切的相关关系,所以,本书在构建评价金融稳定的指标体系时,除了考虑体现金融系统两种"能力"的指标外,还考虑了物价、房地产市场、政府绩效以及经济抵御内部风险的能力等方面的宏观经济指标。

通货膨胀率:衡量了物价的波动情况,虽然当前关于金融稳定与通货膨胀的关系有两种相反的观点,但考虑到指数在时间上的连续性和可比性,参考国内外做法,仍采用传统经济学观点,认为金融稳定的目标和币值稳定的目标一样。物价稳定是中央银行的一个主要目标,若物价保持在适当的范围则可以增强投资者的信心,有利于金融稳定,而高通货膨胀率会引起市场较大的波动,不利于投资,会引发金融系统的不稳定。所以,国内外学者皆认为此指标可以反映宏观经济的脆弱性。

商品房销售价格:众所周知,历史上有多次金融危机都与房地产价格的大幅波动有关,房地产价格波动是影响金融稳定的重要因素。Crockett(1998)认为,不应将资产价格稳定作为金融政策的目标,为了实现物价稳定和应对资产价格的变动,应将重点放在构建稳健的金融体系上来。同样地,我国的房地产市场与金融体系、宏观经济高度关联。房地产市场的兴衰伴随着货币信贷政策的扩张和紧缩,较高的房地产价格使得资金配置在房地产投资市场,加大了资产泡沫,容易导致商业银行信贷危机,诱发金融不稳定。此外,Jan Willem van den End(2006)从理论上说明了金融状况指数应包含房地产价格指标,并在此基础上构建了金融稳定指数。Leeper 和 Nason(2014)也提到,除了信贷/GDP,房地产价格偏离正常价值也是金融风险的一个信号,它能反映最终价格逆转的可能性和量级。本书使用商品房销售价格代表房地产价格。

财政赤字/GDP:此指标反映财政对经济的贡献率,描述了政府的表现,表明政府的财政绩效情况。若财政赤字较高,投资者会对政府确保未来经济可持续发展的能力失去信心,这将不利于金融市场的稳定。

M2/GDP:此指标可以综合衡量宏观经济抵御内部金融风险的能力。一般认为,过高的 M2/GDP 可能会引起通货膨胀,对金融稳定造成不利影响,但在正常范围内,此指标较高的数值意味着金融机构和金融市场能够保持充裕的流动性,进而提高金融系统保持稳定的能力。目前,我国的此指标值变化较稳定,没有超出范围的异常值。所以,本书认为此指标是正向指标。

4.1.3　指数的编制及结果

4.1.3.1　数据的处理

4.1.3.1.1　研究时长

一方面,2003 年 4 月,中国银行业监督管理委员会成立,至此,我国的金融监管体系全面构建完成。所以,从 2003 年第二季度开始研究我国的金融稳定情况更有现实意义。另一方面,受到数据可得性的限制,各项指标的数据都无缺失的最早时间为 2003 年第二季度。从国内的研究现状可以发现,编制时长更长的指数会存在数据缺失的问题。一般来说,通过推算若干期缺失数据,或者是在当期直接删除缺失数据的指标等手段来解决,这些处理方法使得结果不够可靠或者指数的内涵在时间上不具有连贯性和可比性。为尽量避免这些问题,本书选择使用原始数据,研究区间为 2003 年第二季度至 2016 年第一季度。

4.1.3.1.2　指数编制频率

指数的编制频率为季度,主要原因有如下两点。第一,季度指数能及时反映金融系统稳定性的变化情况。一般来说,一个国家金融系统的稳定情况变化不会过于剧烈和频繁,编制频率太高没有必要,而编制频率太低,无法及时反映变动情况。第二,受到数据可得性的限制。GDP以及商业银行不良贷款率等指标的数据在我国公布的最高频率为季度。

4.1.3.1.3 数据季度化处理

对于数据频率为日或月的指标,本书根据指标的含义将其转化为季度指标。贷款利率、存款利率、股票市价总值、国内信贷、各项人民币贷款、各项人民币存款、股票市盈率等是时点序列或存量指标,所以,取每个季度季末的月度数据或每个季度最后一天的数据作为本季度的数值。财政赤字是流量指标,取一个季度中3个月数据之和作为本季度数值。对于实际有效汇率指数、通货膨胀率、商品房销售价格等指标,取一个季度中3个月数据的均值作为本季度的数值。

4.1.3.1.4 季节调整

由于指标中涉及经济变量,需要考虑季节调整。除商业银行不良贷款率和存贷款比率以外,其余指标都未通过平稳性检验,需要进行季节调整。本书使用软件EViews8中季节调整的Census x-12法进行季节调整。

各项指标的计算公式和处理方法详见表4.1。

表4.1 各项指标的计算公式和处理方法

指标	计算公式	使用的指标	数据来源	频率	季度化处理	影响方向
存贷款利率差	贷款利率—存款利率	贷款利率:1年以内(含1年)	中国经济数据库	月	取季度末数值	负
		存款利率:储蓄存款——活期	中国经济数据库	月		

（续表）

指标	计算公式	使用的指标	数据来源	频率	季度化处理	影响方向
证券化率	股票市价总值/GDP	股票市价总值	锐思数据库	月	取季度末数值	负
		GDP	国家统计局网站	季		
国内信贷/GDP	国内信贷/GDP	国内信贷	锐思数据库	月	取季度末数值	负
商业银行不良贷款率			中经网	季		负
存贷款比率	各项人民币贷款/各项人民币存款	各项人民币贷款	国泰安数据库	月	取季度末数值	负
		各项人民币存款	国泰安数据库	月		
股票市盈率			锐思数据库	日	取季度末数值	负
实际有效汇率指数			国际清算银行	月	取均值	负
通货膨胀率	（同比 CPI － 100）%	同比 CPI	中经网	月	取均值	负
商品房销售价格			中国经济数据库	月	取均值	负
财政赤字/GDP	财政赤字/GDP	财政赤字	中经网	月	取和值	负
M2/GDP	M2/GDP	M2	中国经济数据库	季		正

4.1.3.1.5　数据标准化

使用最小值—最大值法进行数据标准化，对正向指标、逆向指标分别使用式（4.1）、式（4.2）进行标准化。

$$I_{it}^n = \frac{I_{it} - \mathrm{Min}(I_i)}{\mathrm{Max}(I_i) - \mathrm{Min}(I_i)} \tag{4.1}$$

$$I_{it}^n = \frac{\mathrm{Max}(I_i) - I_{it}}{\mathrm{Max}(I_i) - \mathrm{Min}(I_i)} \tag{4.2}$$

其中，I_{it}^n 表示指标 i 的标准化数值，I_{it} 表示指标 i 在第 t 期的数值，$\mathrm{Min}(I_i)$ 和 $\mathrm{Max}(I_i)$ 分别表示指标 i 的最小值和最大值。此方法进行的是线性变化，对数据的分布没有特别的要求。标准化后的数值在 $0\sim1$ 之间，0 表明最不利于金融稳定，1 表明最有利于金融稳定。

4.1.3.2　权重的选择

中国金融稳定指数的合成公式为：

$$CFSI = \sum_{i=1}^{11} w_i \times x_i \tag{4.3}$$

其中，x_i 表示第 i 个指标，w_i 表示第 i 个指标的权重。

本书关于权重的选择主要基于金融稳定与宏观经济具有密不可分的关系。研究金融稳定的主要原因是金融不稳定对实体经济的严重影响。保持金融稳定的最终目的是通过金融的稳定实现经济的平稳运行。根据各指标对经济增长的影响程度确定权重符合金融稳定的目标，更具有合理性，计量模型赋权方法正是可以解决这个问题的方法。而经典赋权方法都有较大的缺陷，无法很好地体现金融和经济的联系。具体来说，使用基于向量自回归模型的广义脉冲响应函数（称为广义脉冲响应函数法）、基于结构向量自回归模型的结构分解脉冲响应（称为结构向量自回归模型法）以及基于卡尔曼滤波算法的状态空间模型法（称为状态空间模型法）等三种计量方法赋权。其中，经济增长指标选择 GDP，它是衡量一个国家或地区总体经济状况最具代表性的指标。

4.1.3.2.1 广义脉冲响应函数法

结构向量自回归(VAR)模型描述在同一样本期间内的内生变量可以作为它们过去值的线性函数,结构向量自回归模型的广义脉冲响应函数赋权法的优点即在于不用区分外生变量和内生变量,避免了错误分类的影响。

主要原理如下所述。

滞后阶数为 p 的 VAR 模型表达式为:

$$y_t = A_1 y_{t-1} + A_2 y_{t-2} + \cdots + A_p y_{t-p} + Q x_t + e_t (t = 1, 2, \cdots, n)$$

$$(4.4)$$

其中,y_t 表示 k 维内生变量向量,x_t 表示 d 维外生变量向量,e_t 表示 k 维误差向量,A_1,A_2,$\cdots$,A_P,Q 表示待估系数矩阵。

如果 VAR 模型是平稳的,那么特征多项式 $\det(I_k - A_1 z - A_2 z^2 - \cdots - A_P z^P) = 0$ 的所有根满足 $|z| > 1$,或者 $|1/z| < 1$。

当 VAR 过程平稳时,则有:

$$(I_k - A_1 L - \cdots - A_P L^p)^{-1} = I_k + F_1 L + F_2 L^2 + \cdots \quad (4.5)$$

其中,$F_n = \sum_{k=1}^{p} A_k F_{n-k} (n = 1, 2, 3, \cdots)$

初始值为 $F_0 = I_k$,$F_{-1} = F_{-2} = \cdots F_{-P+1} = 0$

因此,VAR 模型(4.4)可以表示为:

$$y_t = \mu_t + e_t + F_1 e_{t-1} + F_2 e_{t-2} + \cdots \quad (4.6)$$

$$\mu_t = Q x_t + F_1 Q x_{t-1} + F_2 Q x_{t-2} + \cdots \quad (4.7)$$

脉冲响应函数的定义为:

$$I(n \mid q, \Omega_{t-1}) = E(Y_{t+n} \mid e_t = q, e_{t+1} = e_{t+2} = \cdots = e_{t+n} = 0, \Omega_{t-1})$$
$$- E(Y_{t+n} \mid e_t = 0, e_{t+1} = e_{t+2} = \cdots = e_{t+n} = 0, \Omega_{t-1})$$
$$(n = 1, 2, 3, \cdots) \quad (4.8)$$

其中，q 表示冲击向量，Ω_{t-1} 表示 $t-1$ 时刻的信息集。

VAR 模型的脉冲函数为：

$$I(n \mid q, \Omega_{t-1}) = F_n q = \frac{\mathrm{d}y_{t+n}}{\mathrm{d}e'_t}q \quad (n = 1, 2, 3, \cdots) \qquad (4.9)$$

单位脉冲响应函数：如果取 $q = i_i$（单位矩阵的第 i 列），则：

$$I(n \mid i_i, \Omega_{t-1}) = F_n i_i = \frac{\mathrm{d}y_{t+n}}{\mathrm{d}e_{ti}}q \quad (n = 1, 2, 3, \cdots) \qquad (4.10)$$

当某个干扰受到冲击时，由于干扰间的同期相关性，其他干扰很可能也受到不同程度的冲击，除非方差矩阵是对角矩阵，单位脉冲响应要求的冲击形式往往比较难实现。于是，正交脉冲响应函数被提出来了。先对方差矩阵进行 Cholesky 分解，$V = LL'$，L 为下三角矩阵（其中，对角线元素为正），然后对干扰进行变换，$u_t = L^{-1}e_t$，显然，$\mathrm{VAR}(u_t) = I$，则关于 u_t 的单位脉冲响应函数称为正交脉冲响应函数，$I_c(n \mid i_i, \Omega_{t-1})$。此时，由于 $e_t = Lu_t$，故：

$$\begin{aligned} I_c(n \mid i_i, \Omega_{t-1}) &= I(n \mid l_i, \Omega_{t-1}) \\ &= F_n l_i \quad (n = 1, 2, 3, \cdots) \end{aligned} \qquad (4.11)$$

其中，l_i 表示 L 的第 i 列。

累积脉冲响应函数是将每步的脉冲响应累积起来，其渐进值为：

$$I_g(\infty \mid q, \Omega_{t-1}) = (I_k - A_1 - A_2 - \cdots - A_P)^{-1}q \qquad (4.12)$$

关于正交脉冲响应函数很难找到经济解释，且进行 Cholesky 分解时，矩阵 L 和变量的顺序有关，因此，采用 Cholesky 分解得到的正交脉冲响应的意义更多是统计上的，在经济上的应用是有限的。

传统的脉冲响应函数 $I(n \mid q, \Omega_{t-1})$ 要求未来的冲击 $e_{t+1} = e_{t+2} = \cdots = e_{t+n} = 0$，而现实是，未来的冲击往往具有随机性。考虑到这一事实，Koop

等(1996)提出了广义脉冲响应函数,其比较简单直观的形式为:

$$I_g(n \mid q_i, \Omega_{t-1}) = E(Y_{t+n} \mid e_{ti} = q_i, \Omega_{t-1}) - E(y_{t+n} \mid \Omega_{t-1})$$
$$(n = 1, 2, 3, \cdots)$$
(4.13)

由于 $E(e_t \mid e_{ti} = q_i) = q_i v_{ii}^{-1} V i_i = q_i v_{ii}^{-1} v_i$,$e_t$ 服从 $N(0, V)$,其中,v_i 为 V 的第 i 列。假设 $q_i = \sqrt{v_{ii}} = s_i$,即冲击强度为一个标准差,对于 VAR 模型,有:

$$I_g(n \mid s_i, \Omega_{t-1}) = \frac{F_n v_i}{s_i} \quad (n = 1, 2, 3, \cdots)$$
(4.14)

可以看出 VAR 模型的广义脉冲响应函数 $I_g(n \mid s_i, \Omega_{t-1})$ 与内生变量的顺序无关,且广义脉冲响应函数考虑了干扰间的相关性。

本书在编制中国金融稳定指数的过程中尝试使用广义脉冲响应函数法进行赋权。主要步骤如下所述。

(1) 序列的平稳性检验。可通过差分将不平稳序列转化为平稳序列。

(2) 向量自回归模型滞后期的确定。使用似然比(LR)、最终预测误差(FPE),信息准则 AIC(Akaike),SC(Schwarz),HQ(Hannan-Quinn)等确定向量自回归模型的滞后期为 2。

(3) 向量自回归模型估计结果的稳定性检验。使用 AR 根表法,结果显示单位根的模皆小于 1(见图 4.1),模型的估计结果满足稳定性条件,可以进行广义脉冲响应分析。

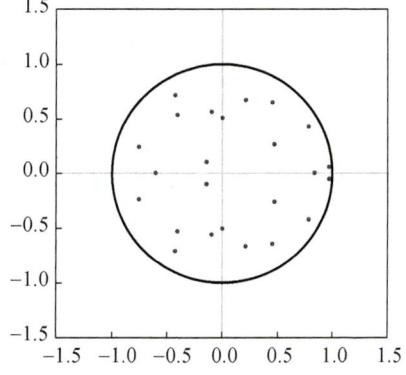

图 4.1 向量自回归模型中的单位根情况图

（4）基于广义脉冲响应结果计算权重，见式（4.15）。

$$w_i = \frac{|p_i|}{\sum_{i=1}^{11} |p_i|} \tag{4.15}$$

其中，p_i 表示 GDP 对变量 i 的单位新信息冲击在 N[①] 期内的累计脉冲响应值。

4.1.3.2.2 结构向量自回归模型法

结构向量自回归模型在向量自回归模型的基础上包含了变量之间的当期关系，避免了误差项中存在当期相关性无法解释的现象。

主要原理如下所述。

k 个变量的 SVAR(p) 模型的一般形式为：

$$B_0 y_t = \Gamma_0 + \Gamma_1 y_{t-1} + \Gamma_2 y_{t-2} + \cdots + \Gamma_p y_{t-p} + \mu_t \atop (t = 1, 2, 3, \cdots, n) \tag{4.16}$$

SVAR 的表达形式有多种，除了式（4.16），另一个形式为：

$$Ae_t = v_t = Bu_t, \ u_t \text{ 服从 } N(0, I_k) \tag{4.17}$$

其中，u_t 表示结构干扰，A 和 B 都为 k 阶方阵，此形式被称为 SVAR 的 AB 模型。如果 $A = I$，则称为 B 模型；如果 $B = I$，则称为 A 模型。

对式（4.17）两边求方差得：

$$AVA' = BB' \tag{4.18}$$

即

$$V = A^{-1}B(A^{-1}B)' \tag{4.19}$$

---

① N 的判断依据为广义脉冲响应函数值趋于 0 或累计脉冲响应函数值趋于一个稳定的值。在广义脉冲响应函数赋权法和结构向量自回归模型赋权法中 N 皆取 24。

由于方差矩阵 V 是对称的，只有 $(k+1)k/2$ 个自由参数，而矩阵 A 和 B 各有 k^2 个参数，因此至少需要增加 $(3k-1)k/2[2k^2-(k+1)k/2]$ 个限制条件，式(4.17)才能被识别。常见的限制是将矩阵 A 设定为对角元素都为 1 的下三角矩阵，而把矩阵 B 设定为对角矩阵。

SVAR 模型需要估计矩阵 A 和 B，由于 $V=A^{-1}B(A^{-1}B)'$ 类似于矩阵分解，因此矩阵 A 和 B 的估计过程也称为 SVAR 的结构分解。用结构分解脉冲响应分析法计算得出的 SVAR(p)模型的脉冲响应函数为：

$$B_q = \frac{\mathrm{d}y_{t+p}}{\mathrm{d}u_t'} \qquad (4.20)$$

对于常见的 AB 型 SVAR 模型，结构分解脉冲响应函数可以写为：

$$B_q = A_q A^{-1} B \qquad (4.21)$$

本书在编制中国金融稳定指数的过程中尝试使用结构向量自回归模型进行赋权。主要步骤与使用广义脉冲响应函数法赋权的步骤类似，使用平稳序列构建 AB 型结构向量自回归模型，滞后期为 2，单位根的情况如图 4.2 所示。结果通过稳定性检验，可以进行结构分解脉冲响应，根据式(4.15)计算权重。

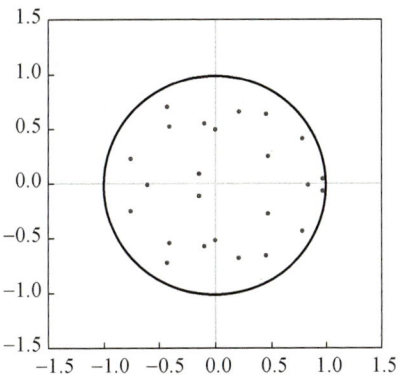

图 4.2   结构向量自回归模型中的单位根情况图

4.1.3.2.3 状态空间模型法

状态空间模型一般在多变量时间序列中应用，可用来估计不容易被观测的变量。金融的稳定情况在十多年间里可能会受到政策和结构变化的影响，状态空间模型可以反映各指标对金融稳定影响的大小随时间变化的特点，从而可以得到时变权重。

主要原理如下所述。

状态空间模型由状态方程和信号方程组成。记 y_t 是 $k \times 1$ 维可观测向量,其包含 k 个经济变量,有 $m \times 1$ 维向量 α_t 是不可观测的,称为状态向量,则描述 y_t 动态行为的状态空间模型为:

$$y_t = X_t \alpha_t + d_t + \mu_t \quad (t = 1, 2, 3, \cdots, n) \qquad (4.22)$$

$$\alpha_t = F_t \alpha_{t-1} + c_t + R_t \varepsilon_t \quad (t = 1, 2, 3, \cdots, n) \qquad (4.23)$$

其中,X_t 为 $k \times m$ 矩阵,d_t 为 $k \times 1$ 维向量,μ_t 为 $k \times 1$ 维向量,且满足 $E(\mu_t) = 0$,$\mathrm{Var}(\mu_t) = H_t$。$F_t$ 为 $m \times m$ 矩阵,c_t 为 $m \times 1$ 向量,R_t 为 $m \times g$ 矩阵,ε_t 为 $g \times 1$ 向量,满足 $E(\varepsilon_t) = 0$,$\mathrm{VAR}(\varepsilon_t) = Q_t$。方程 (4.22) 为信号方程,方程 (4.23) 为状态方程。X_t,d_t,H_t,F_t,c_t,R_t,Q_t 被统称为系数矩阵。

求解状态空间模型时,有一些重要的算法,其中最核心的是卡尔曼滤波算法。当随机误差项和初始状态向量服从正态分布时,能通过预测误差分解计算似然函数,估计出模型中的未知参数,这就是卡尔曼滤波算法的主要思想。利用卡尔曼滤波可以对状态向量的估计进行修正。

滤波、预测和平滑是卡尔曼滤波算法的三个重要概念。设 Y_n 表示在 $t = n$ 时刻的已知信息,则状态向量的估计问题可分为预测($t > n$)、滤波($t = n$)和平滑($t < n$),它们分别是对未来状态、现在状态和过去状态的估计。

根据样本区间内各变量对国内生产总值的影响确定样本区间内各变量的权重,符合滤波的情况。

基于信息集合 Y_{t-1},设 a_{t-1} 是 α_{t-1} 的估计量,P_{t-1} 是估计误差的 $m \times m$ 维协方差矩阵。当 a_{t-1} 和 P_{t-1} 给定时,α_t 的条件分布的均值为:

$$a_{t|t-1} = F_t a_{t-1} + c_t \qquad (4.24)$$

估计误差的协方差矩阵是：

$$P_{t|t-1} = F_t P_{t-1} F_t' + R_t Q_t R_t' \tag{4.25}$$

式(4.24)和式(4.25)为预测方程。当得到新的预测值 z_t 时，可以对 α_t 的估计 $a_{t|t-1}$ 进行修正，新方程为：

$$a_t = a_{t|t-1} + P_{t|t-1} X_t' T_t^{-1}(z_t - X_t a_{t|t-1} - d_t) \tag{4.26}$$

$$P_t = P_{t|t-1} - P_{t|t-1} X_t' T_t' X_t P_{t|t-1} \tag{4.27}$$

$$T_t = X_t P_{t|t-1} X_t' + H_t \tag{4.28}$$

式(4.24)至式(4.28)共同构成卡尔曼滤波算法的公式。

初值可以按 a_0，P_0 或 $a_{1|0}$，$P_{1|0}$ 给定，在每一个观测值下，卡尔曼滤波算法会给出状态向量的最优估计。当处理完 n 个向量之后，卡尔曼滤波会产生当前以及下一时期状态向量的最优估计。

本书在编制中国金融稳定指数的过程中尝试使用状态空间模型进行赋权。主要步骤如下所述。

（1）协整检验。预处理后的数据存在不平稳序列，需进行 Johansen 协整检验。迹检验结果显示，在 5% 的显著性水平下，至少存在 3 个协整关系，说明构建状态空间模型不存在伪回归。

（2）状态空间模型的建立。通过多次测算，信号方程为：

$$
\begin{aligned}
gdp_t = {} & c(1) + \alpha_1 \times x_1 + \alpha_2 \times x_2 + \alpha_3 \times x_3 + \alpha_4 \\
& \times x_4 + \alpha_5 \times x_5 + \alpha_6 \times x_6 + \alpha_7 \times x_7 + \alpha_8 \\
& \times x_8 + \alpha_9 \times x_9 + \alpha_{10} \times x_{10} + \alpha_{11} \\
& \times x_{11} + [var = exp(c(2))]
\end{aligned} \tag{4.29}
$$

状态方程的递归形式：

$$\alpha_1 = \alpha_1(-1),\ \alpha_2 = \alpha_2(-1),\ \alpha_3 = \alpha_3(-1),$$
$$\alpha_4 = \alpha_4(-1),\ \alpha_5 = \alpha_5(-1),\ \alpha_6 = \alpha_6(-1),$$
$$\alpha_7 = \alpha_7(-1),\ \alpha_8 = \alpha_8(-1),\ \alpha_9 = \alpha_9(-1), \tag{4.30}$$
$$\alpha_{10} = \alpha_{10}(-1),\ \alpha_{11} = \alpha_{11}(-1)$$

（3）运用卡尔曼滤波算法对由式(4.29)和式(4.30)组成的状态空间模型进行估计，可以得到 t 期第 i 个滤波状态向量均值 a_{it}，t 期第 i 个指标的时变权重公式为：

$$w_{it} = \frac{|a_{it}|}{\displaystyle\sum_{i=1}^{11}|a_{it}|} \tag{4.31}$$

计算过程使用软件 EViews 8，用三种赋权法得到的各指标的权重如表 4.2 所示。

表 4.2　三种赋权法得到的各指标权重

指标 ＼ 赋权法	广义脉冲响应函数法	结构向量自回归模型法	状态空间模型法
存贷款利率差	0.185 3	0.158 5	0.108 5
证券化率	0.033 8	0.069 8	0.042 9
国内信贷/GDP	0.107 6	0.116 0	0.159 1
商业银行不良贷款率	0.001 5	0.124 0	0.100 1
存贷款比率	0.065 9	0.007 7	0.019 9
股票市盈率	0.057 9	0.018 1	0.002 7
实际有效汇率指数	0.062 7	0.064 7	0.193 4
通货膨胀率	0.114 1	0.161 3	0.056 5
商品房销售价格	0.013 8	0.001 9	0.243 1
财政赤字/GDP	0.079 9	0.057 5	0.003 5
M2/GDP	0.277 5	0.220 5	0.070 1

注：因为篇幅有限，只列出基于状态空间模型法得到的最后一期各指标的权重。

4.1.3.3 指数值的结果及含义

4.1.3.3.1 指数值的结果

当使用最小值—最大值法标准化数据时,最终得到的指数值没有明确的参考基准,只能通过指数值的相对大小来比较金融稳定的程度。为此,本书参考郭红兵和杜金岷(2014)的处理方法,使用 H-P 滤波法,将金融稳定指数减去其均衡值,得到缺口值(GAP),将 GAP 序列的均值与标准差之差作为金融不稳定的阈值(TH)。若 GAP<TH,即 GAP−TH<0,则认为金融系统不稳定。经过应用此法,确定 0 是金融稳定与不稳定的边界。

用 CFSI-1、CFSI-2 和 CFSI-3 分别表示基于广义脉冲响应函数法、结构向量自回归模型法以及状态空间模型法赋权合成的指数值经过H-P 滤波法转化后的结果。

4.1.3.3.2 指数值的含义

CFSI-1,CFSI-2,CFSI-3 皆以 0 为分界点,其值大于 0 表示我国金融系统处于稳定状态,值越高,越趋于稳定;小于 0 表示我国金融系统处于不稳定状态,值越小,越趋于不稳定。

三个金融稳定指数的结果如图 4.3 所示。图 4.3 显示,整体上三个金融稳定指数走势较一致,特别是 CFSI-1 和 CFSI-2 曲线的变化情况较为相近。在 2003 年第二季度至 2005 年第三季度间,三个金融稳定指数基本大于 0,且整体皆呈上升趋势。从 2005 年第四季度开始,走势趋于下降。在 2007 年第二季度或第三季度,三个金融稳定指数开始变为负数,并持续下降,在 2007 年第四季度或 2008 年第一季度到达谷底。之后开始反弹,在 2008 年第三季度或第四季度重新恢复到 0 以上。此后,直至 2016 年第一季度,金融系统基本处于波动的稳定状态。

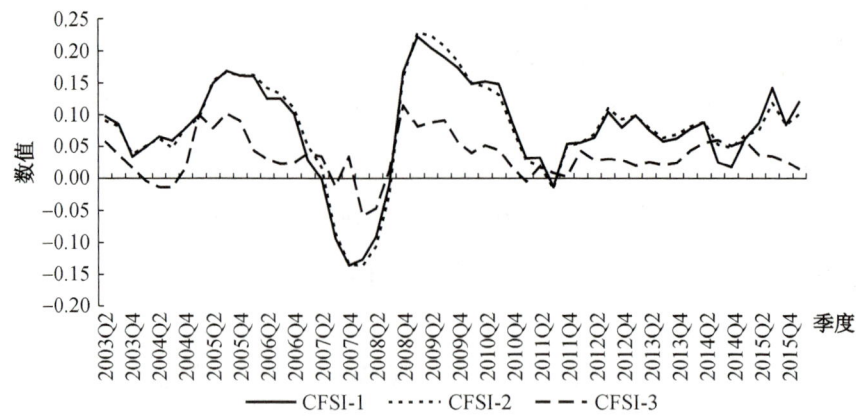

图 4.3　三个金融稳定指数的结果

注：Q 代表季度，2003Q2 表示 2003 年第二季度，依此类推，后同。

4.2　中国金融稳定指数的实证检验

对于使用广义脉冲响应函数法、结构向量自回归模型法、状态空间模型法赋权得到的三个金融稳定指数 CFSI-1, CFSI-2, CFSI-3,本章先对这三个指数进行描述性统计分析,再根据三个金融稳定指数的相关性、差异性以及它们与宏观经济的指数的动态相关性等来确定最终的 CFSI。

4.2.1　三个金融稳定指数的描述性统计分析

CFSI-1, CFSI-2, CFSI-3 的描述性统计情况如表 4.3 所示。

表 4.3 中显示,三个金融稳定指数的均值都大于 0,且就平均值而言,采用结构向量自回归模型法赋权合成的 CFSI-2 得到的值最大,其次是通过广义脉冲响应函数法赋权合成的 CFSI-1,且 CFSI-1 的中值与 CFSI-2 的中值较为接近,基于状态空间模型赋权法赋权得到的

CFSI-3 的中值最小。在指数序列的波动上，CFSI-3 的方差或标准差小于 CFSI-1 和 CFSI-2 的方差或标准差，即 CFSI-3 的曲线波动较小。三个金融稳定指数的极小值皆小于 0，极大值皆大于 0。三个金融稳定指数的偏度皆小于 0，倾向于左偏分布。三个金融稳定指数的峰度都小于 3，皆是峰度不足正态分布的分布。

表 4.3　CFSI-1，CFSI-2，CFSI-3 的描述性统计

统计量	指数	CFSI-1	CFSI-2	CFSI-3
均值		0.077 8	0.079 1	0.035 0
均值的 95％置信区间	下限	0.056 1	0.057 1	0.025 2
	上限	0.099 4	0.101 1	0.044 7
中值		0.082 2	0.080 9	0.032 5
方差		0.006 0	0.006 0	0.001 0
标准差		0.077 8	0.079 1	0.035 0
极小值		−0.136 1	−0.136 6	−0.058 3
极大值		0.222 6	0.228 7	0.114 8
四分位距		0.100 6	0.082 1	0.038 4
偏度		−0.813 0	−0.804 0	−0.028 0
峰度		1.044 0	1.319 0	0.659 0

结合图 4.3，通过观察指数是否具备能够较好地反映重要事件的能力来比较指数的表现能力，即比较各个指数的走势是否与我国金融稳定的实际变化情况相一致。在 2003 年至 2016 年年初，考虑的重要事件有：2003 年我国金融监管体系构建完成，2005 年，我国汇率改革，2006 年美国开始爆发金融危机，2008 年，国际性的金融危机爆发，2010—2011 年，欧洲主权债务危机不断发酵，2010 年 4 月，我国融资融券交易正式启动，2014 年 11 月，我国股市"港股通"开始交易。

2003 年至 2005 年年中,我国出台了一系列利好政策,如 2003 年第二季度我国金融监管体系建立,2004 年 1 月 31 日,国务院发布《关于推进资本市场改革开放和稳定发展的若干意见》,2005 年 4 月,上市公司股权分置改革试点工作启动等,这都标志着我国金融监管在日趋完善中,有利于提高我国金融系统保持稳定性的能力。从图 4.3 中可以看出,在 2003 年第二季度至 2005 年第三季度的区间内,CFSI-1 和 CFSI-2 皆大于 0,在 2005 年之前有所波动,之后呈稳定上升趋势,表明了此阶段我国金融系统大体上呈现稳定的状态,其中 2003—2004 年间我国金融系统稳定性有所波动,但从 2005 年开始我国金融系统稳定性有所改善。而 CFSI-3 从 2003 年第二季度开始数值呈下降趋势,在 2004 年第一季度指数值小于 0,并连续三个季度指数值处于 0 以下,表明在 2004 年的前三个季度,中国的金融系统处于不稳定状态。2004 年第四季度至 2005 年第三季度情况有所好转,指数值重新位于 0 以上。

从 2005 年下半年开始至 2008 年,我国先是经历了 2005 年 7 月的汇率改革,随后,美国的金融危机在 2006 年春季已有所显现,到 2007 年 8 月全面扩散至全球金融市场。在这期间,三个金融稳定指数皆表明金融系统的稳定状态在 2005 年第四季度至 2007 年第一季度间处于下降走势。此后,CFSI-1 在 2007 年第一季度开始小于 0,CFSI-2 和 CFSI-3 在 2007 年第二季度开始小于 0,表明从 2007 年年初金融系统受到影响,我国金融系统开始进入相对的不稳定状态,此状态继续恶化;CFSI-1 在 2007 年第四季度达到谷底,CFSI-2 和 CFSI-3 在 2008 年第一季度达到谷底。其中,CFSI-3 在 2007 年第四季度呈现短暂的反弹,不十分符合当时的金融不稳定的大环境。

从 2008 年开始,我国采取了一些措施应对危机,这有利于金融系统的稳定。CFSI-3 指数值率先在 2008 年第三季度回到 0 以上,CFSI-1 和 CFSI-2 指数值在 2008 年第四季度回到 0 以上。此后,三个金融稳定指数皆表现出强劲的上升趋势,符合金融业处于复苏状态的实际。从 2009 年开始,欧洲主权债务危机事件不断发酵,我国于 2010 年开始受到较严重的影响。相应地,图 4.3 中显示,从 2009 年第一季度至 2011 年第三季度 CFSI-1 和 CFSI-2 代表的金融系统的稳定性有所下降,CFSI-1 和 CFSI-2 的数值降到 0 附近。CFSI-3 指数值在 2011 年第一季度回到 0 附近。此后,三个金融稳定指数的走势趋向稳定,表明我国的金融系统在近年来整体上较为稳定。

经过比较发现,整体上,三个金融稳定指数能够大体地描述我国金融稳定情况的实际,其中,在不严格分析的情况下,CFSI-1 和 CFSI-2 的表现较为一致。由于 CFSI-3 是基于时变权重获得的,能够对政策环境的变化较快地作出反应,所以在 2008 年美国次贷危机期间,CFSI-3 比 CFSI-1 和 CFSI-2 较早地离开金融不稳定状态。但由于是时变权重,CFSI-3 变化频繁,在某些时间点的表现不十分符合金融系统的实际情况。

4.2.2 三个金融稳定指数的相关性检验

本书使用软件 SPSS19.0,对三个金融稳定指数进行正态性检验和相关性检验,结果分别如表 4.4、表 4.5 所示。

对 Kolmogorov-Smirnov 以及 Shapiro-Wilk 正态性检验的结果显示,在 0.05 的显著性水平下,CFSI-3 皆通过了正态性检验,可以认为它服从正态分布。而对于 CFSI-1 和 CFSI-2,不能认为它们服从正态分布。对三个金融稳定指数进行相关性检验,从 Pearson 相关性和 Spearman 相关系数的检验结果中可以发现,三个金融稳定指数间存在显著的相关性,特别是 CFSI-2,其与 CFSI-1、CFSI-3 都存在高度相关性。具体地,CFSI-2 与 CFSI-1 的 Pearson 相关系数高达 0.989,Spearman 相关系数为 0.984;CFSI-2 与 CFSI-3 的 Pearson 相关系数

表 4.4　CFSI-1, CFSI-2, CFSI-3 的正态性检验

指数	Kolmogorov-Smirnov 检验	Shapiro-Wilk 检验
CFSI-1	0.117	0.016
CFSI-2	0.004	0.007
CFSI-3	0.200*	0.246

＊表示在 0.05 的显著性水平上显著，是真实显著水平的下限。

表 4.5　CFSI-1, CFSI-2, CFSI-3 的相关性检验

指数		Pearson 相关性			Spearman 相关系数		
		CFSI-1	CFSI-2	CFSI-3	CFSI-1	CFSI-2	CFSI-3
CFSI-1	相关性	1	0.989**	0.686**	1	0.984**	0.623**
	显著性	—	0	0	—	0	0
CFSI-2	相关性	0.989**	1	0.715**	0.984**	1	0.668**
	显著性	0	—	0	0	—	0
CFSI-3	相关性	0.686**	0.715**	1	0.623**	0.668**	1
	显著性	0	0	—	0	0	—

＊＊表示在 0.01 显著性水平（双侧）上显著。

为 0.715, Spearman 相关系数为 0.668；此外，CFSI-1 与 CFSI-3 的 Pearson 相关系数为 0.686，Spearman 相关系数为 0.623，相关性也较高。

4.2.3　三个金融稳定指数的差异性检验

中国金融稳定指数的符号和大小均有意义，本章分别利用符号检验和方差分析比较三个金融稳定指数在符号和数值上的差异。使用符号检验和 Wilcoxon 符号秩检验比较三个金融稳定指数的符号差异。按以下规则为指数赋值：若指数值小于 0，赋值-1；若指数值为 0，赋值 0；若指数值大于 0，赋值 1。对重新赋值后得到的三个序列进行符号检验和 Wilcoxon 符号秩检验。使用软件 SPSS19.0,得到的结果如表 4.6

表 4.6　CFSI-1，CFSI-2，CFSI-3 的符号检验

显著性	CFSI-2 与 CFSI-1	CFSI-3 与 CFSI-1	CFSI-3 与 CFSI-2
符号检验		1.000	1.000
Wilcoxon 符号秩检验	0.317	1.000	0.705

所示。三个金融稳定指数间的符号检验以及 Wilcoxon 符号秩检验的 P 值皆大于 0.05。在 0.05 的显著性水平上，CFSI-1 与 CFSI-2，CFSI-3 的符号间不存在显著差异，即关于我国金融系统是否稳定的问题，三个金融稳定指数的结果一致。

使用方差分析来检验三个金融稳定指数数值间的差异程度。引入 GROUP 和 INDEX 两个变量，当 GROUP 分别取 1，2，3（依次代表 CFSI-1，CFSI-2，CFSI-3）时，INDEX 取相应的指数值。使用软件 SPSS19.0，得到的结果如表 4.7、表 4.8 和表 4.9 所示。

表 4.7　方差齐次性检验结果

Levene 统计量	$df1$	$df2$	显著性
7.647	2	153	0.001

表 4.8　CFSI-1，CFSI-2，CFSI-3 的方差分析结果

INDEX	平方和	df	均方	F	显著性
组间	0.066	2	0.033	7.265	0.001
组内	0.690	153	0.005		
总数	0.756	155			

表 4.9　CFSI-1，CFSI-2，CFSI-3 的多重比较结果

(I)GROUP	(J)GROUP	均值差 (I−J)	标准误	显著性	95%置信区间	
					下限	上限
1	2	−0.001 3	0.015 4	0.996 0	−0.037 9	0.035 3
	3	0.042 8*	0.011 8	0.002 0	0.014 5	0.071 1

（续表）

(I)GROUP	(J)GROUP	均值差 (I−J)	标准误	显著性	95％置信区间	
					下限	上限
2	1	0.001 3	0.015 4	0.996 0	−0.035 3	0.037 9
	3	0.044 1*	0.012 0	0.001 0	0.015 4	0.072 8
3	1	−0.042 8*	0.011 8	0.002 0	−0.071 1	−0.014 5
	2	−0.044 1*	0.012 0	0.001 0	−0.072 8	−0.015 4

* 表示在 0.05 显著性水平上显著。

从表 4.7 中可看出方差齐次性检验的 P 值为 0.001，未通过方差齐次性检验，所以事后检验的两两比较使用 Games Howell。单因素方差分析的 P 值为 0.001，在 0.05 的显著性水平下，整体上三个金融稳定指数的数值之间差异明显。具体地，在多重比较中发现，CFSI-1 与 CFSI-2 的指数值之间差异不明显，它们与 CFSI-3 的指数值之间皆存在显著差异。

4.2.4　三个金融稳定指数与主要宏观经济指数的相关性检验

经过以上分析，可以得到一些结论，如三个金融稳定指数的走势较为一致，相关性较高等。进一步地，金融稳定与宏观经济有着密切的关系，所以理论上中国金融稳定指数应与宏观经济指数有很高的相关性，现考察三个金融稳定指数与宏观经济指数的动态相关性。

4.2.4.1　宏观经济指数的选择

因综合考虑下文分析中国金融稳定指数的领先能力之需，本书选择的宏观经济指数有 GDP 指数、宏观先行合成指数、宏观一致合成指数、宏观滞后合成指数、工业生产者出厂价格指数，分别用 GDPI，E1，E2，E3，PPI 表示。

虽然 GDP 能够综合反映宏观经济的发展情况，但是它是个绝对量指数，相较之下，指数是反映一个现象变化的相对数或平均数，使用相关的宏观经济指数与 CFSI-1，CFSI-2，CFSI-3 进行分析更为合适。GDPI 是反映一定时期内 GDP 变动趋势和程度的相对数，比 GDP 指标更适合用于领先、滞后分析。此外，E1，E2，E3 是宏观经济景气指数的组成部分，E1 由一组领先于宏观一致合成指数的先行指标合成，E2 反映当前经济的基本走势，E3 由一组落后于宏观一致合成指数的滞后指标合成。其中，E2 常被看作宏观经济状况的代理指标，作为基准指数用于领先、滞后分析。由于 E1，E2，E3 间存在确定的领先、滞后关系，可以利用此关系对交叉谱分析的结果进行验证。PPI 用于衡量各种商品在不同生产阶段的价格变化情况，一般认为它是个常用的领先指数。

4.2.4.2 数据预处理

由于数据可得性的限制，使用同比 GDPI，环比 PPI 进行比较。GDPI（同比），E1，E2，E3，PPI（环比）的数据来源为国家统计局网站及中经网。首先，将各个指数值减去 100；其次，使用均值法将月度指数序列[1]转化为季度指数；再次，对各指数序列进行 X12 的季节调整；最后，使用 H-P 滤波法得到各个指数的周期项序列，分别用 GDPIcycle，E1cycle，E2cycle，E3cycle，PPIcycle 表示。

4.2.4.3 CFSI 的确定

使用时差相关系数来分析三个金融稳定指数与各宏观经济指数的动态相关性。时差相关系数的计算公式为：

$$CROSS = \frac{\sum_{i=1}^{n}(x_{i-k} - \bar{x})(y_i - \bar{y})}{\sqrt{\sum_{i=1}^{n}(x_{i-1} - \bar{x})^2(y_i - \bar{y})^2}} \qquad (4.32)$$

其中，$CROSS$ 表示时差相关系数，$\{x_i\}$，$\{y_i\}$ 为两个时间序列，均值分

---

① 包括 E1、E2、E3、PPI（环比）。

别为 $\bar{x}, \bar{y}$，k 表示领先、滞后期，n 是数据取齐后的数据个数。

三个金融稳定指数与宏观经济指数的时差相关系数如表 4.10 所示。从中可以发现，在三个金融稳定指数中，CFSI-2 与各个宏观经济指数的相关性最高。

表 4.10　三个金融稳定指数与宏观经济指数的时差相关系数

指数	CFSI-1	CFSI-2	CFSI-3
GDPIcycle	0.77	0.79	0.60
E1cycle	0.71	0.75	0.65
E2cycle	0.81	0.82	0.54
E3cycle	0.78	0.80	0.52
PPIcycle	0.47	0.48	0.49

注：表中数值为 10 期以内相关系数最大值。

综上所述，在三个金融稳定指数中，CFSI-1 与 CFSI-2 的走势比 CFSI-3 与实际更相符，两个指数数值之间差异不明显，与 CFSI-3 的指数值之间存在显著差异。其中，CFSI-2 与 CFSI-1，CFSI-3 都存在高度相关性。且在三个金融稳定指数中，CFSI-2 与各个宏观经济指数的相关性最高。综合考虑，确定 CFSI-2 为中国金融稳定指数，即基于结构向量自回归模型法赋权得到的指数为 CFSI[1]，其指数值及其走势图如表 4.11 和图 4.4 所示。

表 4.11　2003 年第二季度至 2016 年第一季度 CFSI 的值

时间	CFSI	时间	CFSI	时间	CFSI
2003Q2	0.09	2007Q4	−0.13	2012Q2	0.07
2003Q3	0.08	2008Q1	−0.14	2012Q3	0.11
2003Q4	0.04	2008Q2	−0.11	2012Q4	0.09

---

① 下文的中国金融稳定指数或 CFSI 皆指由结构向量自回归模型法赋权合成的指数。

（续表）

时间	CFSI	时间	CFSI	时间	CFSI
2004Q1	0.05	2008Q3	—0.03	2013Q1	0.10
2004Q2	0.06	2008Q4	0.16	2013Q2	0.08
2004Q3	0.05	2009Q1	0.23	2013Q3	0.06
2004Q4	0.08	2009Q2	0.22	2013Q4	0.07
2005Q1	0.10	2009Q3	0.21	2014Q1	0.08
2005Q2	0.15	2009Q4	0.18	2014Q2	0.09
2005Q3	0.17	2010Q1	0.15	2014Q3	0.05
2005Q4	0.16	2010Q2	0.14	2014Q4	0.05
2006Q1	0.16	2010Q3	0.13	2015Q1	0.07
2006Q2	0.14	2010Q4	0.08	2015Q2	0.08
2006Q3	0.13	2011Q1	0.03	2015Q3	0.12
2006Q4	0.11	2011Q2	0.02	2015Q4	0.08
2007Q1	0.05	2011Q3	—0.02	2016Q1	0.10
2007Q2	0.02	2011Q4	0.05	—	—
2007Q3	—0.08	2012Q1	0.06	—	—

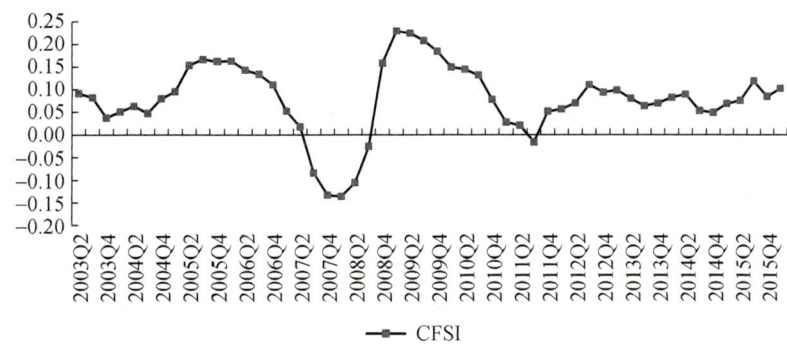

图 4.4　2003 年第二季度至 2016 年第一季度 CFSI 的走势图

明显地，从 2007 年第三季度至 2008 年第三季度，CFSI 值在 0 以下，此期间我国金融系统整体上处于不稳定状态。具体来说，2003 年第二季度至 2005 年第三季度间,指数值基本在 0 以上,且整体呈上升趋势。从 2005 年第四季度开始,指数走势趋于下降。在 2007 年第三季度,指数值开始变为负数,并持续下降,在 2008 年第一季度到达谷底。之后开始反弹,在 2008 年第四季度重新恢复到 0 以上,在 2008 年第四季度和 2009 年第一季度有暂时迅速的好转。但随后开始下降,在 2011 年第三季度回到 0 附近,此后,直至 2016 年第一季度,金融系统处于波动的稳定状态。

另外,由于使用了计量模型赋权法,本书对指数趋势的稳健性进行了检验,即检验指数趋势是否易受到样本期扩展的影响。由于使用计量模型赋权,对样本量有一定的要求,并考虑赋权时模型的结果可得性,确定将 2003 年第二季度至 2015 年第一季度的指数序列(CFSI$'$)与 2003 年第二季度至 2016 年第一季度的指数序列(CFSI)进行比较,趋势图如图 4.5 所示。从中可以看出,当样本量更新时,指数的趋势基本不变,保持了较好的稳健性,也间接证明了本书编制的中国金融稳定指数具有一定的可靠性。

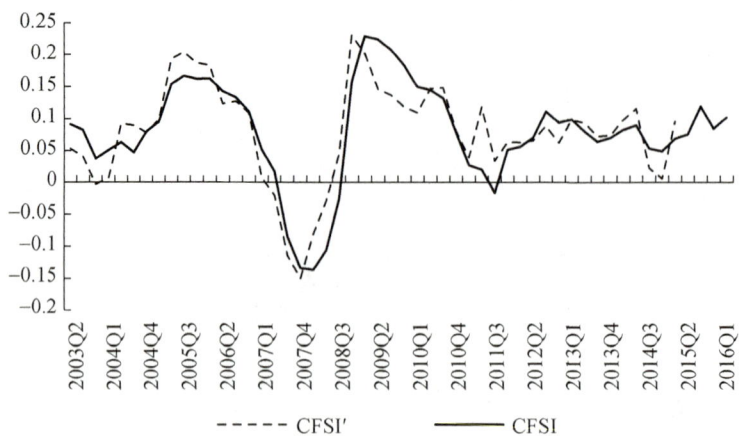

图 4.5 两个不同样本期的中国金融稳定指数趋势图

5　中国金融稳定指数的应用研究

在完成中国金融稳定指数的编制之后,本章介绍的主要是关于中国金融稳定指数在两个方面的应用研究。第一个应用是源于金融稳定的目的,本书希望中国金融稳定指数可以对宏观经济有一定的预测功能,即第一个应用。本章通过分析中国金融稳定指数与宏观经济指数的领先、滞后关系,以期扩展指数的功能。第二个应用是将中国金融稳定指数作为金融稳定的代表纳入货币政策规则,研究扩展后的泰勒规则是否具有符合货币政策理论的非线性特征,以及我国的货币政策规则具有怎样的时变特征,这可以为我国货币政策操作的规则化提供有意义的指导。具体来说,5.1是中国金融稳定指数与宏观经济指数之间的领先、滞后关系研究,包括研究领先、滞后关系的常见方法,中国金融稳定指数的领先能力分析及检验。5.2是中国金融稳定指数与货币政策的关系研究,包括将中国金融稳定指数纳入泰勒规则的扩展模型研究以及泰勒规则扩展模型所具有的非线性和时变特征研究。

5.1　中国金融稳定指数与宏观经济指数之间的领先、滞后关系研究

构成 CFSI 的指标中不仅包含了可以反映我国金融系统稳定现状的指标,还包含了能够反映未来经济以及通货膨胀的指标,因此 CFSI

可能是反映未来宏观经济运行情况的一个先行指标。

5.1.1　研究领先、滞后关系的常见方法

当前常见的研究指标间领先、滞后关系的方法主要有趋势图的经验分析、格兰杰因果检验、脉冲响应分析、时差相关系数法等。这些方法在判定指标间的领先、滞后关系时存在一些缺点，如趋势图的经验分析依赖于主观判断，格兰杰因果检验、脉冲响应分析和时差相关系数法得到的领先、滞后结果比较粗略。尽管如此，这些方法仍可以作为领先、滞后关系分析的补充和检验方法。本书使用可以判定领先、滞后关系的另一方法——交叉谱分析法。通过该分析法可以得到两个变量序列间准确的领先、滞后关系，相较之下，此法更加客观、准确。具体来说，本书选择使用交叉谱分析法准确地得到 CFSI 领先各宏观经济指数的期数，再使用时差相关系数法来检验结果的稳健性。接下来首先介绍交叉谱分析法和时差相关系数法这两种方法。

5.1.1.1　交叉谱分析法

谱分析法将时间序列看成一系列不同频率的正弦函数与余弦函数的加权和，然后，分析在不同的频率中，周期是如何影响该时间序列行为的。交叉谱分析法法则是研究两个时间序列之间关系的一种谱分析法。

谱分析法要求时间序列是平稳的。通常情况下，受季节性因素和时间趋势因素的影响，金融或经济时间序列往往是非平稳的，因此在进行谱分析前，有必要对数据进行预处理以剔除这两个因素所产生的影响，可通过季节调整剔除季节性因素，通过 H-P 滤波法剔除时间趋势因素的影响。在序列平稳的前提下，谱分析通过有限傅里叶变换方法将时间序列 y_t 表示成如下形式：

$$y_t = \frac{a_0}{2} + \sum_{k=1}^{m} \left[a_k \cos(w_k k) + b_k \sin(w_k k) \right] \qquad (5.1)$$

式(5.1)中，$t = 1，2，\cdots，n$，是时间变量。n代表序列观测值的数量。m表示傅里叶分解时的频数，若n是偶数，则$m = n/2$；若n为奇数，则$m = (n-1)/2$。a_0是均值项，值为$2\bar{y}$。a_k和b_k分别是余弦和正弦函数的系数。$w_k = 2\pi k/n$，代表傅里叶频率。

交叉谱分析对两个时间序列的交叉协方差函数进行傅里叶转换，并选择适当的窗函数进行平滑，从而得到互谱密度函数，其表达式为：

$$p(w) = \sum_{k=-\infty}^{\infty} r(k)\mathrm{e}^{-iwk} = \sum_{k=-m}^{m} \lambda(k)r(k)\mathrm{e}^{-iwk}, \quad -\pi \leqslant w \leqslant \pi \quad (5.2)$$

式(5.2)中，$\lambda(k)$表示窗函数，$r(k)$表示延迟k时的交叉协方差函数，若将两个时间序列分别记为x和y，则两者间延迟k时的交叉协方差函数的计算公式为：

$$r_{xy}(k) = \frac{1}{n}\sum_{t=1}^{n-k}(x_t - \bar{x})(y_{t+k} - \bar{y})$$
$$\quad (5.3)$$
$$r_{yx}(k) = \frac{1}{n}\sum_{t=1}^{n-k}(y_t - \bar{y})(x_{t+k} - \bar{x})$$

式(5.2)中，两个时间序列的互谱密度函数还可以表示为：

$$p(w) = C(w) - iQ(w), \quad -\pi \leqslant w \leqslant \pi \quad (5.4)$$

式(5.4)中，实部$C(w)$为同位谱，虚部$Q(w)$为正交谱，表达式如下：

$$C(w) = \frac{1}{4\pi}[r_{xy}(0) + r_{yx}(0)]$$
$$\quad (5.5)$$
$$+ \frac{1}{2\pi}\sum_{k=1}^{m}\lambda(k)[r_{xy}(k) + r_{yx}(k)]\cos\left(\frac{w}{m}\right)k$$

$$Q(w) = \frac{1}{2\pi}\sum_{k=1}^{m}\lambda(k)[r_{xy}(k) - r_{yx}(k)]\sin\left(\frac{w}{m}\right)k \quad (5.6)$$

由于互谱密度函数的复数特点,为避免操作的难度,研究时常用振幅($ampl$)、相干谱(coh)和相位谱($phase$)等指标来描述两个变量周期波动的关联性。

三者的计算公式分别为:

$$ampl = \sqrt{(C(w))^2 + \overline{(Q(w))^2}} \tag{5.7}$$

$$coh = \frac{ampl^2}{p_x \times p_y} \tag{5.8}$$

其中,p_x 和 p_y 分别表示序列 x 和 y 在频率 w 处的谱密度值。

$$phase = \arctan \frac{-Q(w)}{C(w)} \tag{5.9}$$

振幅表示两个时间序列的波动情况,振幅越大表示波动越大,方差解释度越高,两个时间序列周期一致性越强。相干谱表示频域中两个变量的相关程度。在给定的频率下,表示一个序列的方差能被另一个序列解释的百分比,取值介于 0 和 1 之间,越靠近 1 表明两个变量的相关性越强。相位谱反映了两个序列的领先、滞后关系。相位谱除以对应的频率可得时差,从时差的正负符号可以判断两个变量之间的领先、滞后关系。时差统计量的绝对值为领先、滞后的具体期数。

5.1.1.2 时差相关系数法

时差相关系数衡量了一个时间序列与另一个时间序列滞后期之间的相关程度,计算公式为:

$$CROSS = \frac{\sum\limits_{i=1}^{n}(x_{i-k} - \bar{x})(y_i - \bar{y})}{\sqrt{\sum\limits_{i=1}^{n}(x_{i-1} - \bar{x})^2(y_i - \bar{y})^2}} \tag{5.10}$$

其中,$CROSS$ 是时差相关系数,$\{x_i\}$ 和 $\{y_i\}$ 为两个时间序列,均值分别

为 $\bar{x}$ 和 $\bar{y}$，k 表示领先、滞后期，n 是数据取齐后的数据个数。根据两个时间序列的 $\underset{k}{MAX}|CROSS|$ 所对应的 k 值，可以判断两者之间的领先、滞后关系，以及粗略的领先或滞后期数[①]。

5.1.2　中国金融稳定指数的领先能力分析及检验

5.1.2.1　中国金融稳定指数对主要宏观经济指数预测能力的经验分析

金融系统被称为国民经济的"晴雨表"，本书在构建中国金融稳定指数时考虑了具有反映未来经济状况功能的指标，所以，从理论上讲，中国金融稳定指数的变动领先于宏观经济指数的变动。本书选用经济指数来与CFSI进行领先能力的分析。同样是指数，具有平均值的含义，在指标性质上具有对等性，可得到更有效以及更有说服力的结果。具体地，使用GDP指数、宏观先行合成指数、宏观一致合成指数、宏观滞后合成指数、工业生产者出厂价格指数，分别用GDPI，E1，E2，E3，PPI表示。分别用GDPIcycle，E1cycle，E2cycle，PPIcycle表示该5个指数的周期项序列。关于主要宏观经济指数的选择与处理已在第4章4.2的最后一部分中进行了说明和分析，此处不再赘述。在分析时，5个指数的周期项序列（cycle）与指数的意义等同。

从CFSI与GDPIcycle的趋势图（见图5.1）中可以看出，整体上，中国金融稳定指数与GDPIcycle的波动趋势基本一致，且CFSI的波动总是领先于GDPIcycle。例如，CFSI在2005年第三季度到达峰顶，在2005年第二季度至2006年第一季度指数值都较高，处于峰顶附近；GDPIcycle在2007年第三季度到达峰顶，2007年第一季度至2007年

---

① 由于使用时差相关系数分析得到的领先、滞后期数为整数，较之交叉谱分析，其结果较为粗略，若两者接近，可认为结果一致。

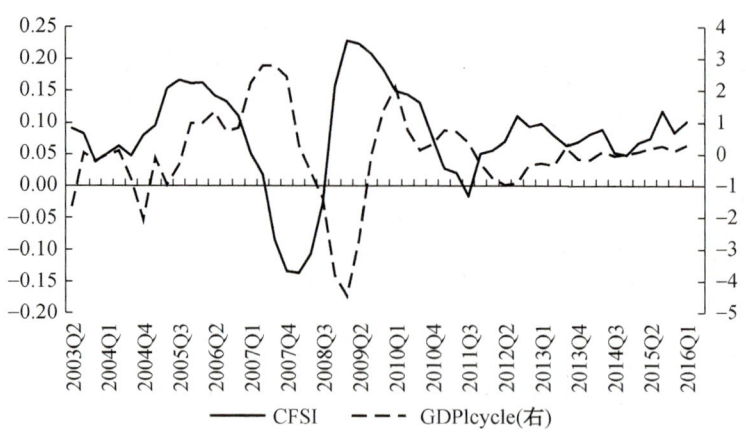

图 5.1　CFSI 与 GDPcycle 的趋势图

第四季度间指数值都较高，处于峰顶附近。随后两个指数曲线都呈下降趋势，CFSI 在 2008 年第一季度到达谷底，GDPIcycle 在 2009 年第一季度到达谷底。在回升过程中，CFSI 在 2009 年第一季度到达新的峰顶，GDPIcycle 在 2010 年第一季度达到新的峰顶。从大体上看，CFSI 与 GDPIcycle 的走势较为一致，且 CFSI 领先 GDPI 约四个季度，可以作为 GDPIcycle 的先行指标。

从 CFSI 与 E1cycle 的趋势图（见图 5.2）中可以发现，中国金融稳定指数与宏观先行合成指数的波动变化趋势基本一致，且 CFSI 总是领先于宏观先行合成指数。例如，CFSI 在 2005 年第三季度到达峰顶，在 2005 年第二季度至 2006 年第一季度指数值都较高，处于峰顶附近。E1cycle 在 2007 年第三季度到达峰顶。随后两个指数曲线都下降，CFSI 在 2008 年第一季度到达谷底，E1cycle 在 2008 年第四季度到达谷底。在回升过程中，CFSI 在 2009 年第一季度到达新的峰顶，E1cycle 在 2009 年第四季度达到新的峰顶。大体上看，CFSI 与 E1cycle 的走势较为一致，且 CFSI 领先 E1cycle 约三个季度，可以作为 E1cycle 的先行指标。

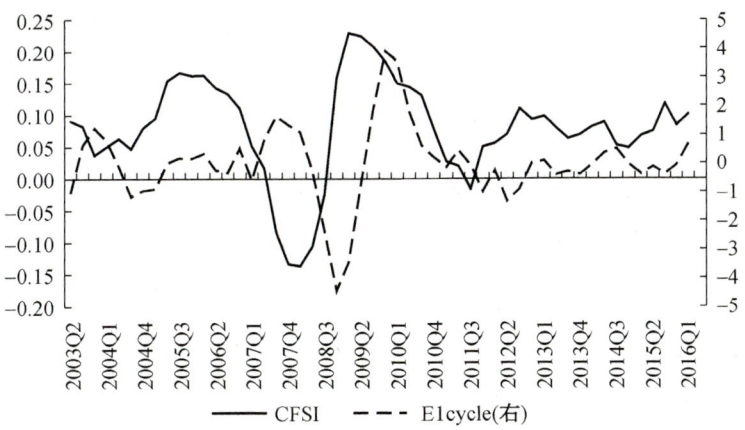

图 5.2　CFSI 与 E1cycle 的趋势图

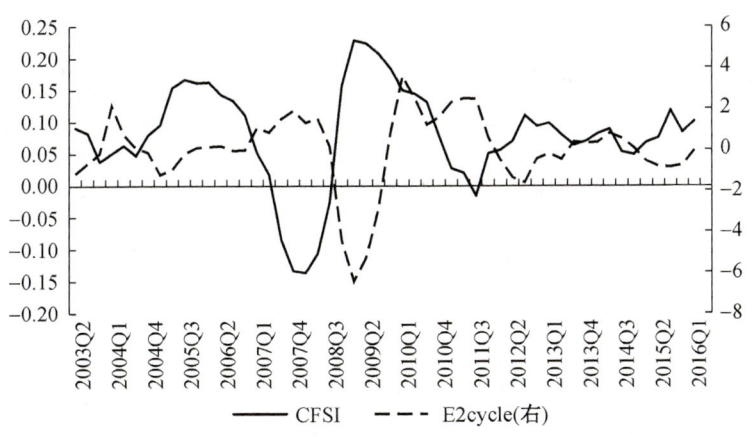

图 5.3　CFSI 与 E2cycle 的趋势图

　　从 CFSI 与 E2cycle 的趋势图(见图 5.3)中可以发现,中国金融稳定指数与宏观一致合成指数的波动变化趋势基本一致,且 CFSI 总是领先于宏观一致合成指数。例如,CFSI 在 2005 年第三季度到达峰顶,在 2005年第二季度至 2006 年第一季度间指数值都较高,处于峰顶附近;E2cycle在 2007 年第四季度到达峰顶,在 2007 年第二季度至 2008 年第二季度间指数值都较高,处于峰顶附近。随后两个指数曲线都下降。CFSI 在

2008年第一季度到达谷底,E2cycle在2009年第一季度到达谷底。在回升过程中,CFSI在2009年第一季度到达新的峰顶,E2cycle在2010年第一季度达到新的峰顶。大体上看,CFSI与E2cycle的走势较为一致,且CFSI领先E2cycle约四个季度,可以作为E2cycle的先行指标。

从CFSI与E3cycle的趋势图中可以发现,中国金融稳定指数与宏观滞后合成指数的波动变化形势基本一致,且CFSI总是领先于宏观滞后合成指数。例如,CFSI在2005年第三季度到达峰顶,在2005年第二季度至2006年第一季度间指数值都较高,处于峰顶附近;E3cycle在2008年第二季度到达峰顶,在2007年第三季度至2008年第二季度间的指数值都较高,处于峰顶附近。随后两个指数曲线都下降,CFSI在2008年第一季度到达谷底,E3cycle在2009年第二季度到达谷底。在回升过程中,CFSI在2009年第一季度到达新的峰顶,E3cycle在2011年第三季度达到新的峰顶。大体上看,CFSI与E3cycle的走势较为一致,且CFSI领先E3cycle的期数在5个季度以上,可以作为E3cycle的先行指标。

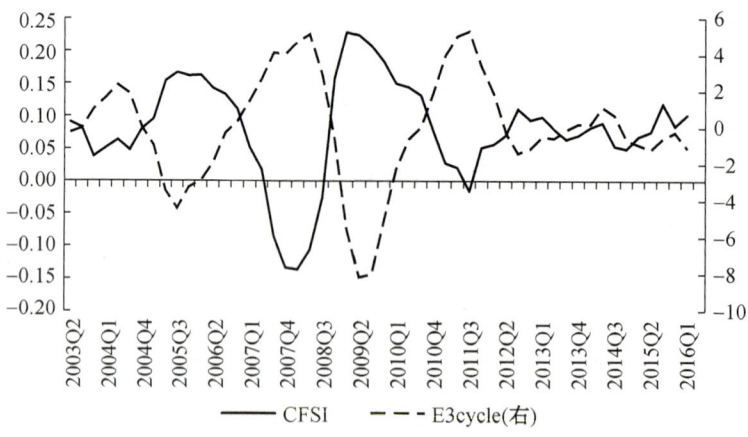

图 5.4　CFSI 与 E3cycle 的趋势图

从 CFSI 与 PPIcycle 的趋势图中可以发现,中国金融稳定指数与工业生产者出厂价格指数的波动变化趋势基本一致,且 CFSI 总是领先于工业生产者出厂价格指数。例如,CFSI 在 2005 年第三季度到达峰顶,在 2005 年第二季度至 2006 年第一季度间指数值都较高,处于峰顶附近;PPIcycle 在 2007 年第四季度到达峰顶。随后两支曲线都下降,CFSI 在 2008 年第一季度到达谷底,PPIcycle 在 2008 年第四季度到达谷底。在回升过程中,CFSI 在 2009 年第一季度到达新的峰顶,PPIcycle 在 2009 年第三季度达到新的峰顶。大体上看,CFSI 与 PPIcycle 的走势较为一致,且 CFSI 领先 PPIcycle 约 4 个季度,可以作为 PPIcycle 的先行指标。

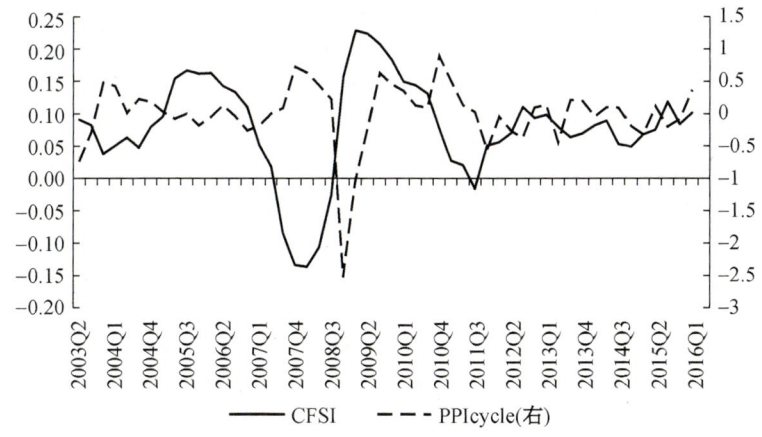

图 5.5　CFSI 与 PPIcycle 的趋势图

　　从中国金融稳定指数与 5 个宏观经济指数的趋势图经验分析中可以发现,中国金融稳定指数分别与 5 个宏观经济指数间的波动趋势较为一致,且在不同程度上领先于 5 个宏观经济指数。但是从趋势图中得到领先期数有很大程度的主观性,不够准确。本书使用交叉谱分析法对指数的领先能力进行分析,可以准确地得到 CFSI 领先各宏观经济指数的期数。

5.1.2.2　中国金融稳定指数对宏观经济指数的领先能力的交叉谱分析

（1）平稳性检验。对 CFSI，GDPIcycle，E1cycle，E2cycle，E3cycle，PPIcycle 使用 ADF 准则进行平稳性检验，在 5% 的显著性水平上，所有序列通过平稳性检验。

（2）交叉谱分析。使用 SAS 软件进行交叉谱分析，详细结果如表 5.1 所示。

表 5.1　交叉谱分析的结果

指数	宏观经济指数	耦合振荡周期长度	一致性系数	振幅	相位谱	时差
CFSI	GDPIcycle	17.33	1.00	0.14	1.70	4.68
	E1cycle	13.00	1.00	0.13	1.63	3.37
	E2cycle	13.00	1.00	0.23	2.51	5.19
	E3cycle	13.00	1.00	0.41	3.03	6.27
	PPIcycle	13.00	1.00	0.04	2.34	4.84

注：时差统计量为正表示领先，为负表示滞后，统计量的绝对值表示领先（滞后）的期数。

在耦合震荡周期为 17.33 期时，CFSI 与 GDPIcycle 的振幅达到最大，为 0.14。一致性系数为 1，表明在耦合震荡周期中，CFSI 与 GDPI 的波动相关性非常高。时差统计量表明，CFSI 领先 GDPIcycle 4.68 个季度。在耦合震荡周期为 13 期时，CFSI 与 E1cycle，E2cycle，E3cycle，PPIcycle 的振幅分别达到最大，振幅分别为 0.13，0.23，0.41，0.04，一致性系数皆为 1。时差统计量显示，CFSI 领先 E1cycle 3.37 个季度，领先 E2cycle 5.19 个季度，领先 E3cycle 6.27 个季度，领先 PPIcycle 4.84 个季度。

5.1.2.3　中国金融稳定指数对宏观经济指数领先能力的检验

为了进一步确认领先、滞后的关系和期数是否可靠，本书使用以下两个方法进行检验。

5.1.2.3.1　交叉谱分析结果的自检验

从理论上已知，E1 领先 E2，E2 领先 E3。若 CFSI 领先 E1，E2，那么也应领先 E3。从表 5.1 中可以发现，CFSI 领先 E1，E2，E3，且领先 E1 的期数小于领先 E2，E3 的期数，领先 E2 的期数小于领先 E3 的期数，这与经济学的逻辑相符。

5.1.2.3.2　时差相关系数检验

为了更全面地检验构建的 CFSI 对各宏观经济指数的领先能力，使用时差相关系数分析，对交叉谱分析的结果进行再次的检验。时差相关系数衡量了一个时间序列与另一个时间序列滞后期之间的相关程度。根据两个时间序列的 $\underset{k}{MAX}|CROSS|$ 所对应的 k 值，可以判断两者之间的领先、滞后关系，以及粗略的领先或滞后期数。

使用软件 EViews 8 可得 CFSI 分别与 GDPIcycle，E1cycle，E2cycle，E3cycle，PPIcycle 的时差相关系数，结果如表 5.2 所示。

表 5.2　时差相关系数的结果

指数	GDPIcycle	E1cycle	E2cycle	E3cycle	PPIcycle
CFSI	4(0.79)	3(0.75)	5(0.82)	7(0.80)	4(0.48)

注：小括号外的数字表示 CFSI 领先（正值时）或滞后（负值时）宏观经济指数的期数。一般来说，认为期数处于[−3,3]时为同步，小于−3 时为滞后，大于 3 时为领先。小括号内的数值为两个指数的时差相关系数。一般地，相关系数大于 0.4 则认为时差相关性较强。

表 5.2 的结果显示，CFSI 领先 GDPI，E1cycle[①]，E2cycle，E3cycle，PPIcycle，领先期数均大于或等于 3，各个时差相关系数均大于 0.4，表明时差相关性较强。具体来说，CFSI 领先 GDPIcycle 约 4 个季度，领先 E1cycle 约 3 个季度，领先 E2cycle 约 5 个季度，领先 E3cycle 约 7 个季度，领先 PPIcycle 约 4 个季度，与交叉谱分析的结果一致。

---

①　此处 CFSI 领先 E1 约为 3 期，与交叉谱分析中的 3.37 接近，可以认为 CFSI 领先 E1。

在 CFSI 对 GDPI，E1，E2，E3，PPI 等宏观经济指数的领先能力分析中，得到的结果不仅通过了交叉谱分析结果的自检验，并且通过了时差相关系数检验，进一步验证了交叉谱分析得到的 CFSI 对 GDPI，E1，E2，E3，PPI 的领先关系和期数是稳健的。

综上所述，基于本书的指标，使用结构向量自回归模型赋权法合成的 CFSI，不仅能够反映我国金融稳定的现状，还对我国宏观经济指数具有稳健的领先能力。

5.2 中国金融稳定指数与货币政策的关系研究

"健全货币政策和宏观审慎政策双支柱调控框架，深化利率和汇率市场化改革。健全金融监管体系，守住不发生系统性金融风险的底线。"该段话摘自中共十九大报告。

货币政策的制定和实施应趋向规则化已是学者们的基本共识，在货币政策规则中，泰勒规则通过关注通货膨胀率和产出两个目标变量调整利率，得到了广泛的认可。在早期，物价稳定与金融稳定普遍被认为是一致的，货币政策规则关注了物价稳定，不需再关注金融稳定。但近年来，多次金融危机是在低通货膨胀环境下发生的事实说明，传统的基于物价稳定目标的货币政策规则已不能满足新形势下通过货币政策达到稳定经济和金融的要求。理论上，货币政策会通过多种途径影响金融稳定，货币政策的实施过程也会最终传递至金融稳定的表现上。实际中，基于宏观审慎框架维护金融稳定还处于初级阶段，效果有待检验，且不易实施，在维护金融稳定方面还需要货币政策的支持。所以，维护金融稳定可以从货币政策入手，货币政策规则应增加对金融稳定目标的关注。目前，国内有部分学者认为，我国的货币政策需关注或在实践中已经关注了金融稳定目标，如马勇（2013），郭红兵和杜金岷

(2014)等。

　　将金融稳定纳入货币政策目标要面对两个问题：一是以怎样的形式将金融稳定加入货币政策规则中，二是哪种形式的泰勒规则模型更适用。关于前者，当前学者们认为相较于单一的金融类指标，将一个能够表示金融稳定情况的综合性指数直接纳入泰勒规则更合适；关于后者，相较于线性模型，非线性模型[①]更符合现实情况。由于货币政策效果具有非对称性[②]（肖本华，2012）以及中央银行对目标变量反应的非线性特点，非线性泰勒规则理应更能充分地解释货币政策的行为。但我国当前的研究表明，没有关注金融稳定目标的泰勒规则并不具备非线性特征，不管是在高通货膨胀还是低通货膨胀环境下，货币政策调整的效果都被认为是一样的，这也是我国若按照以物价稳定为目标的传统货币政策规则进行宏观调控时会存在的一个问题。本书的研究发现，将金融稳定目标纳入货币政策规则后，这个问题得到了改善，在高通货膨胀和低通货膨胀等不同的经济环境条件下，金融稳定对利率具有不同的影响，这样的特点更有利于指导货币政策的制定和实施。

　　中央银行在制定货币政策时应如何考虑金融稳定目标已成为宏观调控中亟待解决的问题。将金融稳定纳入货币政策目标，一方面，将中央银行的两大职能——制定和执行货币政策、维护金融稳定有机地联系在了一起，同时可以改善传统的物价稳定和产出目标无法预防金融危机发生的情况；另一方面，研究加入金融稳定目标对货币政策规则的影响，利用金融稳定与货币政策间的关系，可以为实际中

---

　　① 在线性模型中，不管经济环境如何，货币政策目标变量的增加或减少对利率的影响是相同的，而在非线性模型中，在不同的经济环境下，货币政策目标变量的增加或减少对利率的影响是不同的。

　　② 可参见本书第3章的论述，一般来说，货币政策效果的非对称效应为：在经济紧缩阶段实施扩张性货币政策所起的加速作用小于在经济扩张阶段实施紧缩性货币政策所起的减速作用。

货币政策的制定和实施提供理论性的指导,有利于我国货币政策实施的规则化。本节在中国金融稳定指数的应用方面,基于泰勒规则,主要研究了金融稳定目标下中国货币政策规则的特征。首先,在前文理论研究的基础上,将金融稳定以指数的形式加入货币政策反应函数中,说明货币政策规则模型所产生的变化。其次,借助历史数据,研究说明包含了金融稳定新目标的货币政策规则,会呈现出在不同的经济环境条件下,目标变量对利率会有不同影响的非线性特点,而在宏观调控时参照不考虑金融稳定的货币政策规则会低估政策的效果。最后,验证了我国在货币政策的制定中显著地考虑了金融稳定目标,我国货币政策的操作逐渐趋于按照含有金融稳定目标变量的泰勒规则进行,这表明将金融稳定目标加入货币政策规则中的研究是有效的。

5.2.1　将中国金融稳定指数纳入泰勒规则的扩展模型研究

前文的理论研究已说明,在研究我国货币政策规则问题时,应使用包含中国金融稳定指数的具有前瞻性的非线性泰勒规则,现在对模型进行具体的介绍。

一般地,在实际中,中央银行倾向于根据预期信息来设定名义利率,这可由前瞻性货币政策反应函数来描述:

$$r_t^* = r^* + \beta(E[\pi_{t+i} \mid \Omega_t] - \pi_{t+i}^*) + \gamma E[y_{t+j} \mid \Omega_t] \qquad (5.11)$$

其中,r_t^* 表示第 t 期的目标利率,r^* 表示均衡名义利率,π_{t+i} 表示 $t+i$ 期的通货膨胀率,π_{t+i}^* 表示通货膨胀目标,y_{t+j} 表示 $t+j$ 期的产出缺口,Ω_t 表示中央银行在 t 期制定利率时可获得的信息集,$i(j)$ 表示领先信息集的期数。

然而,用式(5.11)来合理描述实际中利率的设定过于严格,一般认

为中央银行会倾向于缓慢地将利率调整至目标值,其中,一阶的利率平滑行为如下:

$$r_t = \rho r_{t-1} + (1-\rho) r_t^* \tag{5.12}$$

其中,r_t 表示第 t 期的名义利率,$\rho \in [0,1]$ 为利率平滑系数,反映了利率的平滑程度。

将式(5.12)代入式(5.11),并消去不可观测的前瞻性变量,可得到:

$$r_t = (1-\rho)[r^* + \beta(\pi_{t+i} - \pi_{t+i}^*) + \gamma y_{t+j}] + \rho r_{t-1} \tag{5.13}$$

式(5.13)是基础的泰勒规则,本书研究将衡量我国金融稳定情况的 CFSI 纳入模型后得到扩展的泰勒规则(扩展模型),并在扩展模型的基础上研究非线性泰勒规则以及具有时变系数的泰勒规则。

在此,$cfsi_{t+k}$(中国金融稳定指数)并不直接进入货币政策反应函数,而是作为利率偏离目标利率的一个影响因素,这样更合理(Baxa等,2013)。扩展的泰勒规则为:

$$r_t = (1-\rho)[r^* + \beta(\pi_{t+i} - \pi_{t+i}^*) + \gamma y_{t+j}] + \delta cfsi_{t+k} \\ + \rho r_{t-1} + \varepsilon_t \tag{5.14}$$

为方便,令

$$\alpha_0 = (1-\rho)(r^* - \beta\pi_{t+i}^*),\ \alpha_1 = (1-\rho)\beta,\ \alpha_2 = (1-\rho)\gamma,\ \alpha_3 = \delta$$

式(5.14)可写为:

$$r_t = \alpha_0 + \alpha_1 \pi_{t+i} + \alpha_2 y_{t+j} + \alpha_3 cfsi_{t+k} + \rho r_{t-1} + \varepsilon_t \tag{5.15}$$

线性模型简单易行,却忽视了中央银行在不同经济阶段中货币政策的操作可能具有按照非线性规则调整的情况。理论上,线性规则要成为最优规则需满足货币当局的损失函数是对称的二次函数以及总供给曲线是线性的两个前提条件,现实中这两个前提条件常常是不被满足的。中央银行往往根据偏离目标值的情况作出不同的政策调整,且由前文研究已知,我国货币政策调整确实存在非对称效应,所以,总的来说,非线性模型可以更好地刻画中央银行的货币政策行为。那么,研究扩展的泰勒规则是否存在非线性特征就十分有必要。前文分析中对泰勒规则的非线性形式的有关研究进行了简单介绍。在实证中,本书选择一种当前更受欢迎的方法——平滑转换模型(STR)来刻画扩展的泰勒规则的非线性效应。STR 允许对内生变量进行平滑的转换,也可以得到中央银行进行政策调整的时点。此方法是研究扩展的泰勒规则的非线性效应最受欢迎的方法之一,如刁节文和章虎(2012)在研究金融形势指数对我国货币政策效果的实证研究中应用 STR,发现存在非线性形式,利率对通货膨胀的反应是非对称的。高洁超、孟士清(2015)将金融变量纳入货币政策之后,应用 STR 模型进行实证研究,发现非线性规则更符合我国现实。肖强和司颖华(2015)也是用此法研究,发现金融状况指数对产出和价格有非对称影响。

将扩展的泰勒规则用标准的 STR 模型描述如下:

$$r_t = \psi' z_t + \theta' z_t G(\eta, c, s_t) + \varepsilon_t,\ t = 1, \cdots, T,\ \varepsilon_t \sim i.i.d.\ N(0, \sigma^2)$$

$$(5.16)$$

其中,$z_t = (1, i_{t-1}, \pi_{t+i}, y_{t+j}, cfsi_{t+k})'$ 为解释变量向量,$\psi_t = (\psi_0, \psi_1, \cdots, \psi_4)'$,$\theta = (\theta_0, \theta_1, \cdots, \theta_4)'$ 分别是变量线性部分和非线性部分的系数向量。$G(\eta, c, s_t)$ 为转换函数,s_t 为转换变量,η 为斜率参数,表示平滑转换的速度,c 是位置参数,表明转换发生的位置。当 $s_t \rightarrow -\infty$,$G(\eta, c, s_t) \rightarrow 0$,$s_t \rightarrow +\infty$,$G(\eta, c, s_t) \rightarrow 1$。转换变量可以是解释变量中的一个或是几个的线性组合。一般来说,转换函数的形式为:

$$G(\eta,\, c,\, s_t) = (1 + \exp\{-\eta \prod_{k=1}^{K}(s_t - c_k)\})^{-1},\ \eta > 0 \quad (5.17)$$

当 $K = 1$ 时，为 Logistic STR 或 LSTR1 模型；当 $K = 2$ 时，为 LSTR2 模型。

经济变量的变化往往是时变的，已有许多学者考虑到有货币政策的执行随时间变化的情况存在。刘金全和张小宇(2012)提到，随着我国改革开放的深入和资本的积累，资本劳动比率不断得到提高，加之古典增长理论认为长期均衡利率与长期经济增长呈正相关关系，财政政策的变化也会使长期均衡利率发生改变，所以将长期名义均衡利率设为时变的比固定的更合理。Yanbin Chen 和 Zhen Huo(2009)在使用中国数据研究货币政策时，得出我国的货币政策规则存在时变性的结论。在估计时变系数模型的方法上，早期主要是使用将样本分阶段进行估计的方法，近年来主要使用区制转换模型和状态空间模型两种。相较于区制转换模型，状态空间模型更适合用于刻画具有时变系数的泰勒规则，原因主要有：状态空间模型具有平滑转化的特点而不是突然出现变点，此模型可以很好地解决前瞻性模型容易存在的由于内生性而产生的非一致估计问题。此外，此模型更适合研究变量在一定时间内的变动而不是持续性变化的情况。当前国内几乎没有使用状态空间模型来刻画具有时变系数的泰勒规则扩展模型的情况。利用状态空间模型，可研究我国的货币政策规则中是否关注了金融稳定目标，以及通货膨胀、产出、金融稳定三个目标变量对利率的影响随时间变化而变化的情况等内容。

根据 Baxa 等人(2013)，在式(5.15)的基础上构建具有时变特征的泰勒规则扩展模型，据此将可以得到利率对通货膨胀、产出以及金融稳定的时变反应情况。

$$r_t = \alpha_{0,t} + \alpha_{1,t}\pi_{t+i} + \alpha_{2,t}y_{t+j} + \alpha_{3,t}cfsi_{t+k} + \rho_t r_{t-1} + \varepsilon_t$$

$$\alpha_{0,t} = \alpha_{0,t-1} + \theta_{0,t}, \ \theta_{0,t} \sim i.i.d. N(0, \sigma_{\theta_0}^2)$$

$$\alpha_{1,t} = \alpha_{1,t-1} + \theta_{1,t}, \ \theta_{1,t} \sim i.i.d. N(0, \sigma_{\theta_1}^2)$$

$$(5.18)$$

$$\alpha_{2,t} = \alpha_{2,t-1} + \theta_{2,t}, \ \theta_{2,t} \sim i.i.d. N(0, \sigma_{\theta_2}^2)$$

$$\alpha_{3,t} = \alpha_{3,t-1} + \theta_{3,t}, \ \theta_{3,t} \sim i.i.d. N(0, \sigma_{\theta_3}^2)$$

$$\rho_t = \rho_{t-1} + \theta_{4,t}, \ \theta_{4,t} \sim i.i.d. N(0, \sigma_{\theta_4}^2)$$

5.2.2 泰勒规则扩展模型的非线性和时变特征研究

5.2.2.1 中国金融稳定指数对通货膨胀和产出的预测能力检验

若中国金融稳定指数对产出有较好的预测能力以及包含了未来通货膨胀的信息,则可以将其纳入货币政策反应函数(Castro,2011)。具体来说,可以使用格兰杰因果检验、脉冲响应分析以及循环方程法等检验 CFSI 对通货膨胀和产出的预测能力。其中,GDP 数据来源于国家统计局网站。

5.2.2.1.1 格兰杰因果检验

从表 5.3 中可以看出,CFSI 是通货膨胀率的因,通货膨胀率不是 CFSI 的因,这说明 CFSI 对通货膨胀有预测能力。同样地,CFSI 是产出的因,产出不是 CFSI 的因,这说明 CFSI 对产出有预测能力。

表 5.3 CFSI 与通货膨胀率以及 GDP 的格兰杰因果检验结果

原假设	F 统计量	P 值
CPI does not Granger Cause CFSI	0.230 49	0.874 6
CFSI does not Granger Cause CPI	3.635 65	0.020 3
GDP does not Granger Cause CFSI	0.892 25	0.417 0
CFSI does not Granger Cause GDP	4.873 11	0.012 3

注:表中 CPI 表示通货膨胀率,CPI 的计算方法如表 4.1 所示。

5.2.2.1.2 脉冲响应分析

分别建立 CFSI 与通货膨胀率、CFSI 与 GDP 的双变量 VAR 模型进行分析,结果如图 5.6 和图 5.7 所示。可以看到,面对 CFSI 的一个新信息冲击,通货膨胀率在第 3 期达到最小值,在第 9 期达到最大值。GDP 在第 6 期达到最大值。

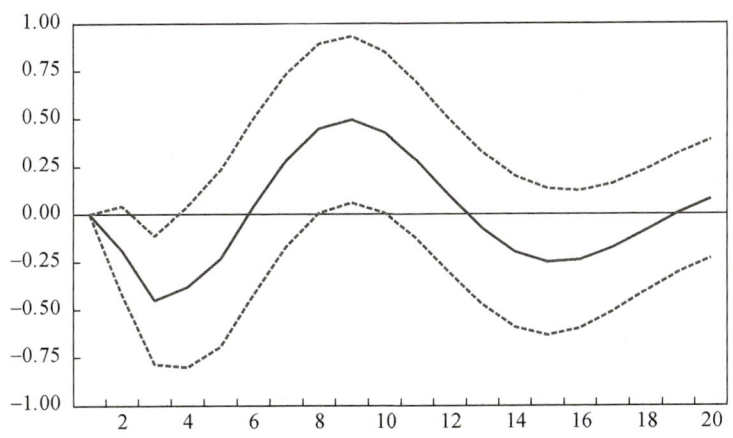

图 5.6 通货膨胀率对 CFSI 的脉冲响应

注:图中 CPI 表示通货膨胀率

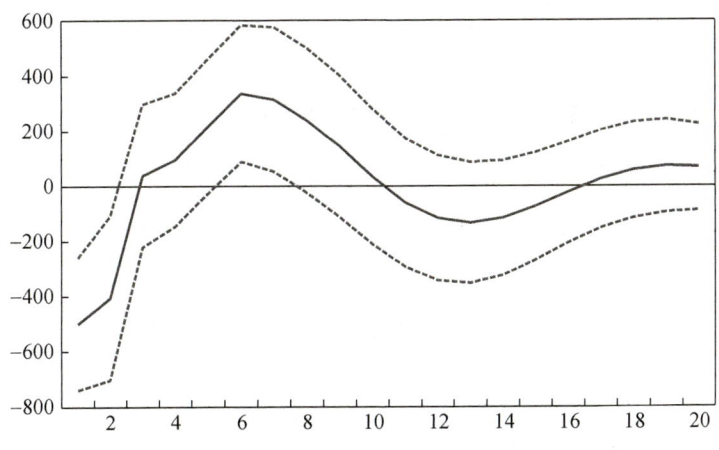

图 5.7 GDP 对 CFSI 的脉冲响应

5.2.2.1.3 循环方程法的预测能力分析

参考 Celine Gauthier 等人(2004),使用循环方程法对 CFSI 的预测能力进行分析。

$$CPI_t = \alpha + \beta CFSI_{t-k} + \varepsilon_t, \ GDP_t = \alpha' + \beta' CFSI_{t-k} + \varepsilon_t' \quad (5.19)$$

一般地,k 取 $0,1,\cdots,6$。回归结果如表 5.4 所示。领先 6 期以内的 CFSI 连续地显著影响通货膨胀率,领先 $2\sim6$ 期的 CFSI 连续地显著影响 GDP,说明 CFSI 对通货膨胀和产出的影响在中长期内较大。

表 5.4 循环方程回归结果

被解释变量:CPI							
领先期数	0	1	2	3	4	5	6
CFSI	−22.39	−20.28	−13.78	−3.91	6.19	13.40	17.04
P 值	0.000 0	0.000 0	0.000 0	0.000 0	0.095 3	0.000 1	0.000 0

被解释变量:GDP							
领先期数	0	1	2	3	4	5	6
CFSI	−4 089.32	765.26	5 061.98	6 919.90	7 789.17	6 738.06	4 712.51
P 值	0.060 7	0.730 3	0.019 0	0.001 0	0.000 1	0.001 3	0.029 6

注:表中 CPI 表示通货膨胀率。

综上所述,本书构建的 CFSI 对通货膨胀和产出有一定的预测能力,可以将此指数作为新的货币政策目标引入泰勒规则。

5.2.2.2 泰勒规则扩展模型的非线性特征及时变特征分析

5.2.2.2.1 数据处理

名义利率的季度值计算公式为:

$$r = r_1 \frac{f_1}{\sum_{i=1}^{3} |f_i|} + r_2 \frac{f_2}{\sum_{i=1}^{3} |f_i|} + r_3 \frac{f_3}{\sum_{i=1}^{3} |f_i|} \quad (5.20)$$

其中，r_i，$i = 1$，2，3分别表示当季3个月份的7天银行间同业拆借加权平均利率，f_i，$i = 1$，2，3为对应3个月份的银行间同业拆借成交金额。

产出缺口的计算公式为：

$$产出缺口 = \frac{实际\,GDP - 潜在产出}{潜在产出} \times 100\% \qquad (5.21)$$

以2003年1月份为基期，根据月度环比CPI数据可得到当月CPI，再通过简单平均得到季度CPI，最后化为以2003年第一季度为基期的当期CPI。由名义GDP除以当期CPI并经季节调整后得到实际GDP，潜在GDP由实际GDP经H-P滤波法得到。

对利率、通货膨胀率、产出缺口、CFSI序列进行平稳性检验，其中，利率、通货膨胀率是I(1)序列，产出缺口、CFSI是平稳序列。对通货膨胀率和利率进行协整检验，在0.05的显著性水平上，至少存在一个协整关系。

7天银行间同业拆借加权平均利率、银行间同业拆借成交金额、环比CPI的数据来源于Wind，GDP数据来源于国家统计局网站。

5.2.2.2.2 泰勒规则扩展模型的非线性特征分析

使用JMulTi软件进行STR模型建模的主要过程为：

(1) 模型的确定。选择转换变量，进行非线性检验，确定合适的模型：线性模型、LSTR1模型或者LSTR2模型等。

(2) 初值的确定。软件使用网格搜索法自动确定初值。

(3) 模型的估计和检验。确定模型的约束条件并进行误差自相关检验、无其他非线性关系检验、参数恒定性检验等。

一般来说，对于式(5.16)，在实证中取$i = j = 0$。[①]对变量关系进行非线性检验，$r(t)$、$r(t-1)$、$\pi(t)$、$y(t)$之间未通过非线性检验，$r(t)$、$r(t-1)$、$\pi(t)$、$y(t)$、$cfsi(t)$之间通过了非线性检验。这说明，在我国，

---

① k的取值在实证中进行确定。

不含金融稳定目标的泰勒规则呈现线性的特征,将金融稳定加入货币政策目标改善了泰勒规则的性质,使泰勒规则呈现出非线性特征。这与当前的研究结论和理论是一致的,也就是说,在基于通货膨胀和产出两个传统目标的泰勒规则中,不管当前的通货膨胀情况如何,通货膨胀率(或产出)的提高或降低对利率的影响程度是相同的,而在加入金融稳定目标后的泰勒规则中,当经济条件是高通货膨胀或低通货膨胀时,通货膨胀率(或产出)的提高或降低对利率的影响程度是不同的。

LSTR 模型中的转换变量为 $\pi(t)$,考虑利率平滑作用,不随转换变量情况的变化而变化,即非线性部分不包括 $r(t-1)$。建模回归的主要结果如表 5.5 所示。

表 5.5　基础泰勒规则的线性模型以及扩展泰勒规则的线性、非线性模型估计结果对比

变量		模型 1		模型 2		模型 3	
		估计值	P 值	估计值	P 值	估计值	P 值
线性部分	$const$	0.860 3	0.000 2	1.226 4	0.000 2	1.726 3	0.003 2
	$r(t-1)$	0.586 4	0.000 0	0.472 2	0.000 5	0.288 4	0.040 8
	$\pi(t)$	0.013 7	0.035 3	0.018 0	0.022 8	0.033 3	0.332 0
	$y(t)$	0.174 2	0.014 1	0.160 9	0.011 2	0.020 7	0.816 7
	$cfsi(t)$			−1.878 1	0.094 6	−3.549 4	0.118 3
非线性部分	$const$					−1.191 3	0.436 9
	$\pi(t)$					0.017 0	0.693 0
	$y(t)$					0.428 8	0.068 1
	$cfsi(t)$					1.459 7	0.697 5
	$Gamma$					10.059 7	0.503 4
	$C1$					22.012 1	0.000 0
	$Adjusted$ $R\text{-}squared$	0.751 2		0.772 7		0.853 1	

（续表）

变量		模型 4		模型 5		模型 6	
		估计值	P 值	估计值	P 值	估计值	P 值
线性部分	$const$	4.899 9	0.065 9	1.178 4	0.000 2	1.074 8	0.000 4
	$r(t-1)$	0.208 2	0.178 3	0.484 7	0.000 3	0.328 8	0.013 7
	$\pi(t)$	−0.007 2	0.948 4	0.017 2	0.030 9	0.073 6	0.005 9
	$y(t)$	−0.663 0	0.028 4	0.168 2	0.014 5	0.125 4	0.067 9
	$cfsi(t-1)$	−9.972 0	0.148 8	−1.475 4	0.080 1		
非线性部分	$const$	−5.137 0	0.186 7			−0.162 8	0.796 6
	$\pi(t)$	0.080 4	0.568 5			−0.035 7	0.159 5
	$y(t)$	1.250 4	0.009 3			0.268 2	0.031 2
	$cfsi(t-1)$	9.237 6	0.302 8			−2.346 9	0.089 1
	$Gamma$	1.928 2	0.073 8			15.471 1	0.389 0
	$C1$	11.176 5	0.782 7			20.661 7	0.000 0
	$C2$	11.176 5	0.782 7				
	$Adjusted\text{-}R\text{-}squared$	0.857 5		0.755 5		0.847 1	

注：模型 1 的回归方程为 $r_t = \alpha_0 + \alpha_1 \pi_t + \alpha_2 y_t + \rho r_{t-1} + \varepsilon_t$，使用 GMM 估计法，工具变量为 $r(t-1)$，$\pi(t-1)$，$y(t-1)$。

模型 2 的回归方程为 $r_t = \alpha_0 + \alpha_1 \pi_t + \alpha_2 y_t + \alpha_3 cfsi_t + \rho r_{t-1} + \varepsilon_t$，使用 GMM 估计法，工具变量为 $r(t-1)$，$\pi(t-1)$，$y(t-1)$，$cfsi(t-1)$。模型 2 可作为模型 3 的对比模型。

模型 3 为 LSTR1 模型，将 $cfsi(t)$ 引入线性及非线性部分，转换变量为 $\pi(t)$，不考虑利率平滑效应，随转换变量变化而变化。使用网格搜索法寻找初始值。

模型 4 为 LSTR2 模型，将 $cfsi(t-1)$ 引入线性及非线性部分，转换变量为 $\pi(t)$，不考虑利率平滑效应，随转换变量变化而变化。使用网格搜索法寻找初始值。

模型 5 的回归方程为 $r_t = \alpha_0 + \alpha_1 \pi_t + \alpha_2 y_t + \alpha_3 cfsi_{t-1} + \rho r_{t-1} + \varepsilon_t$，使用 GMM 估计法，工具变量为 $r(t-1)$，$\pi(t-1)$，$y(t-1)$，$cfsi(t-1)$。模型 5 可作为模型 6 的对比模型。

模型 6 为 LSTR1 模型，将 $cfsi(t-1)$ 引入非线性部分，转换变量为 $\pi(t)$，不考虑利率平滑效应，随转换变量变化而变化。使用网格搜索法寻找初始值。

$Gamma$ 为 LSTR1 模型中转换函数的斜率参数，$C1$，$C2$ 为位置参数。

当不包含金融稳定目标时，经检验，泰勒规则是线性模型，估计结果见表 5.5 中模型 1 部分。当加入金融稳定目标后，经检验，扩展的泰勒规则是非线性模型，结果见表 5.5 中模型 3 部分。模型 2 和模型 3[①]

---

① 此处，模型 3 指其线性部分。

中金融稳定系数为负值,其他变量系数皆为正数,这符合经济意义,且系数表明通货膨胀在货币政策中的传导是不稳定的,产出缺口和金融稳定在货币政策中的传导是稳定的。分别地,通货膨胀率的系数小于1,这意味着当通货膨胀率上升,名义利率的上升不足以抵消通货膨胀的上升,会导致实际利率下降,需求扩张。经过传导,通货膨胀升高加剧,说明在线性模型下,中国货币政策是不稳定的。假设其他变量不变,当产出缺口提高,由于其反应系数大于 0,实际利率上升,抑制了总需求,从而抑制了产出缺口的扩大;反之,亦然。这使得总产出一直保持在潜在产出附近。在模型 2 以及模型 3 的线性部分,$cfsi$ 的反应系数皆为负,当金融稳定度提高,实际利率下降,从而刺激总需求,此时通货膨胀提高。由于本书构建 $cfsi$ 时认为,通货膨胀与 $cfsi$ 负相关,因而此时会进一步使 $cfsi$ 降低。因此,当 $cfsi$ 的反应系数为负时,基于本书构建的 $cfsi$,其在泰勒规则中的传导是稳定的。综上,通货膨胀率的上升或下降经过货币政策传导会被进一步扩大或缩小,金融稳定或产出的变化经过货币政策传导会被逆向抵消,能够趋于平衡值。

模型 3 中,$cfsi(t)$ 的系数不够显著。考虑改进模型,先将 $cfsi(t)$ 只引入非线性部分,经估计,此时的 $cfsi(t)$ 依然不够显著;[①]接着,考虑将 $cfsi(t-1)$ 引入模型,估计结果见模型 4,此时多个变量不显著,并且系数不符合经济学意义;进一步改进模型,将 $cfsi(t-1)$ 只引入非线性部分,估计结果见模型 6。模型 6 中金融稳定变量显著,其他各变量也几乎都显著,且拟合优度相较于模型 3 并未下降很多,各变量的系数都符合经济学意义。模型 6 中,转换变量的阈值为 20.661 7。这表明当通货膨胀率[②]小于 21% 时,转换函数趋于 0 或者等于 0,非线性关系不明

---

① 由于篇幅所限,此时的模型估计结果未列入表 5.5。
② 为定基通货膨胀率,2003 年第一季度为基期。以此阈值为标准,下文中的高通货膨胀是指通货膨胀率高于此值,低通货膨胀为通货膨胀率低于此值。

显;当通货膨胀率大于21%时,转换函数趋于1或等于1,非线性部分影响力显现。转换函数的斜率为15.4711,表明状态的转换速率较快。

从模型6中发现,随着转换变量——通货膨胀率的变化,CFSI对利率的影响具有非线性特点。具体来说,当经济处于低通货膨胀状态或通货紧缩时,中央银行调整利率时关注的主要目标是通货膨胀和产出,并不关注金融稳定;当经济处于高通货膨胀状态时,中央银行在制定货币政策时会显著地关注金融稳定,CFSI每提高0.01,名义利率下降约0.0235。这表明相较于低通货膨胀,在高通货膨胀的经济环境下,中央银行更加需要关注金融稳定。这与理论相符,高通货膨胀的环境更易带来经济和金融的不稳定,所以,在高通货膨胀环境下,更需要增加对金融稳定目标的关注。此外,非线性模型6中的效应高于线性模型5中的0.0148,表明线性的货币政策规则会低估金融稳定对货币政策的影响程度。

模型1中通货膨胀率的系数为0.0137,即在不考虑金融稳定目标的基础泰勒规则中,通货膨胀率每提高1%,名义利率上升0.0137。在考虑了金融稳定目标后,通货膨胀对利率具有非线性影响。具体来说,模型6的结果显示,当经济处于低通货膨胀时,通货膨胀率每提高1%,名义利率上升0.0736,而在高通货膨胀环境下,通货膨胀率每提高1%,名义利率上升0.0379,这表明货币政策需对低通货膨胀做出更大的反应。此外,非线性模型中的效应均大于3个线性模型中的0.0137、0.0180和0.0172,线性的货币政策规则低估了通货膨胀对货币政策的影响。

模型1中产出缺口的系数为0.1742,即在不考虑金融稳定目标的基础泰勒规则中,产出缺口每提高1%,名义利率上升0.1742。在考虑了金融稳定目标后,随着转换变量——通货膨胀率的变化,产出缺口对利率的影响具有非线性特点。具体来说,模型6的结果显示,当经济处于低通货膨胀状态或者通货紧缩时,产出缺口每提高 1‰,名义利率上升 0.125 4;而当经济处于高通货膨胀状态时,产出缺口每提高 1‰,名义利率上升约 0.393 6。这表明在高通货膨胀的环境下,利率对产出缺口扩大的反应更大。此外,线性的货币政策规则低估(高估)了高(低)通货膨胀下产出缺口扩大对利率的影响。

具体来说,模型 6 中得到的通货膨胀率、产出缺口以及中国金融稳定指数的系数情况如图 5.8 所示。

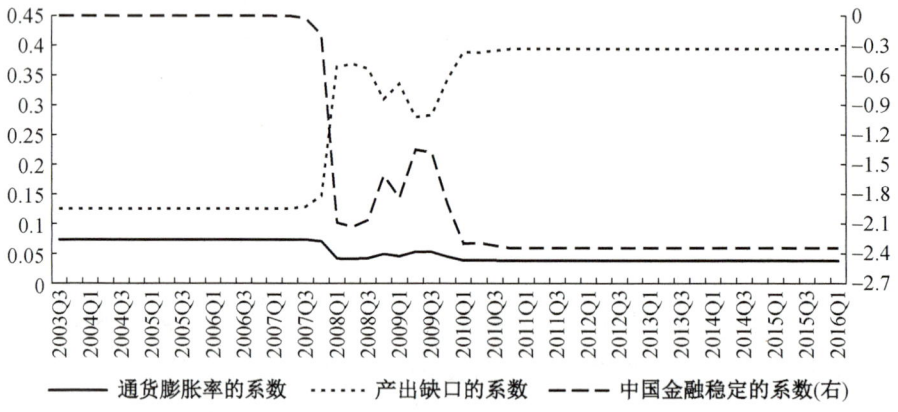

图 5.8　LSTR1 模型(模型 6)得到的通货膨胀率、产出缺口、中国金融稳定指数的系数

转换函数在 2003 年第二季度至 2007 年第四季度期间数值趋近 0 或为 0,通货膨胀率和产出缺口的系数较小,金融稳定的系数为 0。在此阶段,我国的货币政策并没有很好地按规则施行,当局也没有显著地关注金融稳定目标。从 2008 年第一季度到 2010 年第四季度,转换函数数值处于(0,1),中国金融稳定指数的系数显著为负值,对利率的影响较大。这期间美国爆发了金融危机,中国为应对金融危机也频繁地调整短期利率以稳定物价,促进经济增长。特别地,在 2008 年第三季度至 2009 年第一季度,短期平均利率连续三个季度下调,此举也改善了金融系统的稳定情况。在 2011 年第一季度至 2016 年第一季度期间,转换函数的值为1,各变量的系数趋于稳定,货币政策的调整趋于规则化。此外,从图5.8中可以看到,产出缺口的系数高于通货膨胀率的系数,说明在政策调整中,对产出情况考虑的比重大于通货膨胀。首先,面对经济中众多的不确定因素,特别在2008年的全球金融危机中,中央银行往往会更倾向于从全局出发重视调控经济,而不是先稳定物价(高洁超和孟士清,2015);其次,我国物价基本处于比较合理的一个区间,虽然货币政策的首要目标是稳定物价,但往往有各种货币政策工具可以加以调控(高洁超和孟士清,2015),利率的调整能较快地影响经济和金融,这也是产出系数一直高于通货膨胀率系数的一个原因;最后,由于我国利率的调整对产出的反应具有稳定性,对通货膨胀率的反应则不具有稳定性,这也表明按照规则调整利率,对产出目标的重视程度高于对通货膨胀率目标的重视也有一定的合理性。

5.2.2.2.3　泰勒规则扩展模型的时变特征分析

进一步研究我国货币政策规则在2003年第二季度至2016年第一季度间经历的变化,即研究纳入金融稳定目标的泰勒规则的时变特征。同时,据此也可验证我国货币政策规则是否显著地关注了金融稳定目标,即验证对纳入金融稳定目标的货币政策规则研究的有效性。对式(5.18)的状态空间模型进行估计[①],使用 EViews 8,具体来说,信号方程为:

$$
\begin{aligned}
r = {} & c(1) + p1 \times r(-1) + p2 \times \pi + p3 \times y \\
& + p4 \times cfsi + [\mathrm{VAR} = \exp(c(2))]
\end{aligned}
\tag{5.22}
$$

状态方程为:

$$
p1 = p1(-1), \quad p2 = p2(-1), \quad p3 = p3(-1), \quad p4 = p4(-1)
\tag{5.23}
$$

---

① 一般来说,取 $i = j = k = 0$。

估计结果如表5.6所示。结果显示,各系数在5%的显著性水平上皆是显著的,说明我国货币政策的调控关注了金融稳定,并且具有明显的时变特征。

表5.6　状态空间模型的估计结果

常数	Coefficient	Std. Error	z-Statistic	Prob.
$c(1)$	10.226 96	0.001 678	6 094.95	0
$c(2)$	−6.533 283	0.000 343	−19 058.52	0
系数	Final State	Root MSE	z-Statistic	Prob.
$p1$	−2.539 273	0.004 763	−533.080 4	0
$p2$	0.088 354	0.000 495	178.354 4	0
$p3$	0.280 37	0.003 878	72.295 13	0
$p4$	−24.135 9	0.066 425	−363.355 4	0

具体来说,各变量的时变系数情况如图5.9所示。

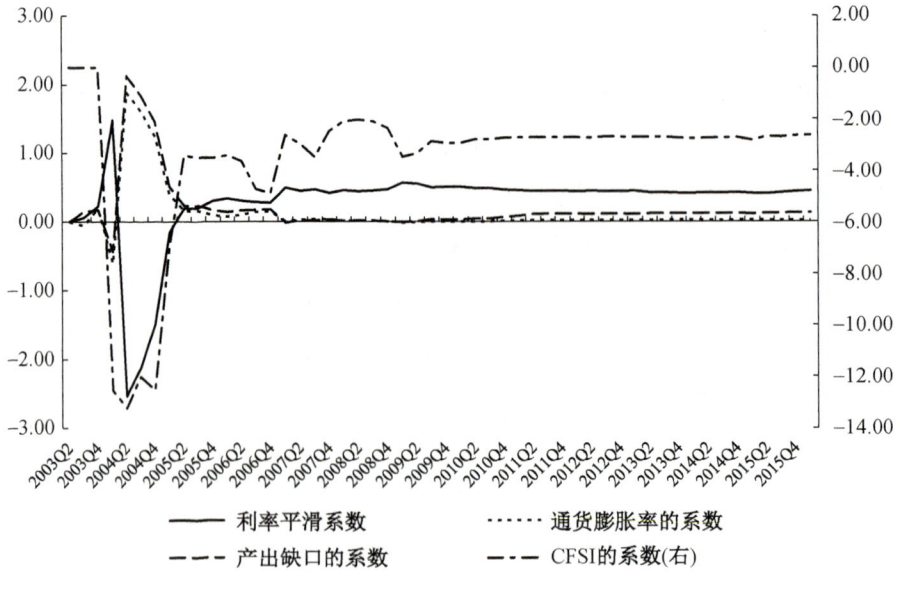

图5.9　基于状态空间模型得到的各变量的时变系数

整体上,通货膨胀率、产出缺口、中国金融稳定指数的系数以及利率平滑系数皆存在明显的时变特征。其中,从 2003 年第二季度到 2005 年第二季度,各变量系数的变化幅度较大,利率平滑系数在此区间出现小于 0 的情况,中国金融稳定指数的系数也出现绝对值偏大的负值,这可能是由于此阶段我国的金融市场不完善,货币政策也未很好地按照泰勒规则调整造成的。此后,在扩展的泰勒规则中,各变量的时变系数逐渐趋于合理和稳定,表明从长期来看,在面对各变量变化的压力时,名义利率调整趋于规则化,货币当局的政策调控基本符合扩展的泰勒规则。

中国金融稳定指数的系数依然为负,系数的绝对值经历了从较大值逐渐下降并趋于稳定的过程。这可以看出,金融稳定对利率的影响逐渐平稳化,近年来稳定在 −2.7 附近。通货膨胀率的系数大部分依然是大于 0 且小于 1,表明一直以来,名义利率对通货膨胀的反应不足,我国货币政策是不稳定的。产出缺口的系数基本大于 0,从长期来看,产出缺口的时变系数具有缓慢上升的趋势,表明相对于通货膨胀,货币当局更倾向于关注产出缺口,也由于我国货币政策对产出缺口的反应是稳定的,产出对货币政策调整的影响越来越大。利率平滑系数稳定在 0.44 左右。

5.2.3 本章小结

本章主要是关于中国金融稳定指数的应用研究,通过分析中国金融稳定指数与宏观经济指数的领先、滞后关系,发现中国金融稳定指数是宏观经济指数的领先指数,这扩展了中国金融稳定指数的功能定位,也弥补了《指南》的金融稳健指标由于多数构成指标的滞后性而不能预测危机的缺点。只关注通货膨胀和产出的货币政策规则容易使人们错误地认为在物价稳定时的金融过度繁荣是经济向好的象征,那么,潜在的风险积累没有得到及时关注会助长金融不稳定的发生,甚至会导致金融危机的爆发。而将金融稳定作为新目标加入货币政策规则中,可以更有效地防范风险。未关注金融稳定目标的货币政策规则显示,不管经济处于高通货膨胀还是低通货膨胀的条件下,货币政策的调整程度是相同的,这并不符合当前新形势下的情况,若按照此规则进行宏观调控会低估货币政策的效果。本章通过对加入金融稳定新目标的泰勒规则进行研究,发现了扩展模型具有非线性特征和时变特征,在经济处于高通货膨胀时,中央银行增加了对金融稳定目标的关注,且产出缺口的扩大对利率的影响会比低通货膨胀条件下更大等。

具体来说,主要有以下几点结论。

第一,实证分析及检验结果表明,中国金融稳定指数对宏观经济指数有领先能力且领先结果是稳健的。基于结构向量自回归模型赋权法合成的中国金融稳定指数对经济、金融状况的反映领先于GDP指数、宏观先行合成指数、宏观一致合成指数、宏观滞后合成指数、工业生产者出厂价格指数。一方面,中国金融稳定指数对经济、金融状况的反映领先于宏观先行合成指数、宏观一致合成指数,也领先于宏观滞后合成指数,且通过了交叉谱分析结果的自检验。另一方面,该指数与各个宏观经济指数之间的领先、滞后关系,通过了时差相关系数检验,即时差相关系数分析的结果与交叉谱分析的结果一致。

第二,本书在紧扣两种"能力"选择的指标基础上,由结构向量自回归模型赋权法得到的中国金融稳定指数除了具有表征功能,还具有良好的领先功能。此中国金融稳定指数领先GDP指数4.68个季度,领先宏观先行合成指数3.37个季度,领先宏观一致合成指数5.19个季度,领先宏观滞后合成指数6.27个季度,领先工业生产者出厂价格指数4.84个季度。

第三,在我国,若不关注金融稳定目标,通货膨胀或产出对利率的影响是一定的,即在不同的经济环境条件下,我国的货币政策效果却是相同的。但将金融稳定加入货币政策目标后的货币政策规则表明,宏观经济环境处于不同状况时,各个目标变量的变化对利率造成的影响程度会不同,即货币政策的效果是不同的。如果参照忽略了金融稳定目标的泰勒规则进行宏观调控,分别会低估金融稳定、通货膨胀率以及高通货膨胀环境下产出缺口对利率的影响程度。

第四,从线性及非线性模型的回归系数可以发现,不管是否考虑金融稳定目标,通货膨胀率在我国货币政策中的传导皆是不稳定的,而金融稳定及产出在货币政策中的传导则是稳定的,即通货膨胀率的上升或下降经过货币政策传导会被进一步扩大或缩小,金融稳定或产出的变化经过货币政策传导会被逆向抵消,能够趋于平衡值。将金融稳定纳入货币政策目标后发现,金融稳定、通货膨胀率、产出的变化,在不同水平的通货膨胀条件下,对利率有不同的影响。

第五,在低通货膨胀的经济环境中,中央银行主要关注通货膨胀目标和产出目标,没有显著地关注金融稳定目标,在高通货膨胀的经济环境中,金融稳定度对利率有显著、较大的影响,中央银行在调整利率时会考虑金融稳定目标;在高通货膨胀的经济环境下,产出缺口的扩大对利率的影响比低通货膨胀条件下更大;相较于高通货膨胀,货币政策需对通货紧缩作出更大的反应。

第六,基于状态空间模型的估计结果进一步说明我国货币政策关注了金融稳定,并具有明显的时变特征。名义利率对通货膨胀的反应一直不足,我国货币政策是不稳定的。相对于通货膨胀,近年来货币当局更倾向于关注产出缺口目标。此外,我国货币政策的操作逐渐趋于按照含有金融稳定的泰勒规则进行,这也说明将金融稳定目标纳入货币政策规则的研究内容和结果是有效的。

6 结论、建议及展望

6.1 主要研究结论

本书对中国金融稳定指数的基本功能定位是表征功能,这就需要紧扣金融稳定的内涵编制指数,所以本书首先对金融稳定的内涵进行了研究,并对金融稳定内涵进行了界定。其次,本书紧扣金融稳定的内涵构建指标体系。最后,金融和宏观经济联系密切,特别是与通货膨胀、房地产价格、政府绩效以及货币量紧密相关。所以本书适当地考虑了这些与金融稳定紧密相关的宏观指标,构建指标体系,从而使编制的中国金融稳定指数具有综合指数的意义。对于编制指数时赋权方法的选择,本书从指标对宏观经济的贡献率角度选择了三种计量模型赋权法。对得到的三个金融稳定指数进行一系列检验,并选择最佳的指数作为中国金融稳定指数。此后,进一步的实证表明此指数对宏观经济指数具有领先功能,这扩展了中国金融稳定指数的功能。研究和关注金融稳定最重要的原因在于金融不稳定所产生的严重后果,调控金融稳定离不开货币政策。2008 年从美国爆发的全球金融危机带给全球的重要启示可以归为两点:①需要更加重视金融稳定;②避免货币政策制定的随意性。结合理论和实践的双重需要,本书对金融稳定目标下的货币政策规则所具有的特征进行了实证研究。

下面主要总结在中国金融稳定指数的编制及实证研究中得到的主要结论。

6.1.1 中国金融稳定指数编制的主要结论

(1) 对于金融稳定的内涵可以从两种"能力"的角度界定,即在金融稳定状态下,金融系统具有正常履行其经济职能的能力以及抵御一定外部冲击的能力。

(2) 紧扣金融稳定的内涵——两种"能力"选取指标,并考虑了重要的宏观经济指标构建综合的中国金融稳定指数。同时,构建的指标体系在全面考虑、重点选取指标的基础上不追求过多的指标数量,避免指标体系过于烦琐,这样得到的指标体系具有很强的实用价值。

(3) 使用计量模型赋权法,更符合理论的要求。金融稳定的最终目的是通过金融的稳定实现经济的平稳运行。根据各指标对经济增长的影响程度确定权重符合金融稳定的目标,更具有合理性,计量模型赋权法正是符合这一思想的方法。实证结果也表明,基于计量模型赋权法得到的指数基本上能够反映实际的金融稳定情况。

(4) 将使用结构向量自回归模型法赋权合成的指数确定为中国金融稳定指数。在同样的指标基础上,使用广义脉冲响应函数法、结构向量自回归模型法以及状态空间模型法等三种赋权法得到的三个金融稳定指数,在走势上前两支指数更符合实际情况。在三个指数的相关性方面,三个指数的相关性较高,特别是由结构向量自回归模型赋权法得到的指数与另外两种赋权法得到的指数都存在高度相关性。在符号和数值的差异上,由广义脉冲响应函数赋权法与结构向量自回归模型赋权法得到的两个指数值之间差异不明显,它们与由状态空间模型赋权法得到的指数值之间皆存在显著差异。在与主要的宏观经济指数的相关性方面,基于结构向量自回归模型赋权法合成的指数与宏观经济指数的相关性最高。综合来看,基于结构向量自回归模型赋权法得到的指数可作为中国金融稳定指数。

(5)基于紧扣两种"能力"选取的指标,由结构向量自回归模型赋权法得到的中国金融稳定指数能够反映我国金融稳定的实际情况。具体来说,该指数表明,2003年第二季度至2005年第三季度,我国金融系统处于稳定性不断上升的稳定状态;2006年第一季度至2009年第一季度,金融稳定性经历了下滑至不稳定状态,之后又快速反弹,恢复至较高程度的稳定状态的过程。其中,2007年第三季度至2008年第三季度,我国金融系统处于相对不稳定的状态;中国金融稳定指数随后稳步向0靠近,在2011年第三季度回到0附近;此后,直至2016年第一季度,我国金融系统处于波动的稳定状态。

6.1.2　中国金融稳定指数领先性实证分析的主要结论

(1)实证分析及检验结果表明,中国金融稳定指数对宏观经济指数有领先能力且领先结果是稳健的。基于结构向量自回归模型赋权法合成的中国金融稳定指数领先于GDP指数、宏观先行合成指数、宏观一致合成指数、宏观滞后合成指数、工业生产者出厂价格指数。一方面,中国金融稳定指数领先于宏观先行合成指数、宏观一致合成指数,也领先于宏观滞后合成指数,通过了交叉谱分析结果的自检验。另一方面,该指数与各个宏观经济指数之间的领先、滞后关系,通过了时差相关系数检验,即时差相关系数分析的结果与交叉谱分析的结果一致。

(2)在紧扣两种"能力"选取的指标基础上,通过结构向量自回归模型赋权法得到的中国金融稳定指数除了具有表征功能,还具有良好的领先功能。中国金融稳定指数领先GDP指数4.68个季度,领先宏观先行合成指数3.37个季度,领先宏观一致合成指数5.19个季度,领先宏观滞后合成指数6.27个季度,领先工业生产者出厂价格指数4.84

个季度。

6.1.3　有关加入中国金融稳定指数的货币政策规则研究的主要结论

只关注通货膨胀和产出的货币政策规则容易使人们错误地认为在物价稳定时的金融过度繁荣是经济向好的象征，那么，潜在的风险积累没有得到及时关注会助长金融不稳定的发生，甚至引起金融危机的爆发。而将金融稳定作为新目标加入货币政策规则中，可以更有效地防范风险。在没有关注金融稳定目标时，货币政策规则显示出，不管经济是处于高通货膨胀还是低通货膨胀的条件下，货币政策的调整程度都是相同的，即传统的目标变量——通货膨胀或产出的变化对利率的影响是一定的，传统的目标变量与利率呈现线性关系，这并不符合理论分析的结论，而且研究表明这也低估了货币政策的效果。本书使用基于金融稳定的内涵构建的中国金融稳定指数来衡量我国金融系统的稳定情况，并将其纳入泰勒规则构建扩展的泰勒规则模型，进一步研究发现，此模型具有非线性特征且其系数具有时变特征，得到的结论主要有如下几个。

（1）在我国，若不关注金融稳定目标，通货膨胀或产出对利率的影响是一定的，即在不同的经济环境条件下，我国的货币政策效果却是相同的。将金融稳定加入货币政策目标中后的货币政策规则表明，宏观经济环境处于不同水平时，各个目标变量的变化对利率造成的影响程度会不同，即货币政策的效果是不同的。如果参照忽略了金融稳定目标的泰勒规则进行宏观调控，会低估金融稳定、通货膨胀率以及高通货膨胀环境下产出缺口对利率的影响程度。

（2）从线性及非线性模型的回归系数发现，不管是否考虑金融稳定目标，通货膨胀率在我国货币政策中的传导皆是不稳定的，而金融稳定及产出在货币政策中的传导是稳定的，即通货膨胀率的上升或下降经过货币政策传导会进一步被扩大或缩小,金融稳定或产出的变化经过货币政策传导会被逆向抵消,能够趋于平衡值。将金融稳定纳入货币政策目标后发现,金融稳定、通货膨胀率和产出的变化,在不同水平的通货膨胀条件下,对利率有不同的影响。

(3)在低通货膨胀的经济环境下,中央银行主要关注通货膨胀目标和产出目标,没有显著地关注金融稳定目标,在高通货膨胀的经济环境下,金融稳定度对利率有显著的影响,中央银行在调整利率时会考虑金融稳定目标;在高通货膨胀的经济环境下,产出缺口的扩大对利率的影响比低通货膨胀条件下更大;相较于高通货膨胀,货币政策需对通货紧缩作出更大的反应。

(4)状态空间模型的估计结果进一步说明了我国货币政策的调控关注了金融稳定,并且具有明显的时变特征。名义利率对通货膨胀的反应一直不足,我国货币政策一直是不稳定的。相对于通货膨胀,近年来货币当局更倾向于关注产出缺口目标。此外,我国货币政策的操作逐渐趋向于按照含有金融稳定的泰勒规则进行,这也说明将金融稳定目标纳入货币政策规则的研究内容和结果是有效的。

6.2 对策建议

国家的金融稳定问题已成为世界各国关注的焦点,本书的研究结论具有重要的现实意义。基于本书的研究结果,可得到以下的对策建议。

第一,监管部门及投资者可将中国金融稳定指数作为判断金融市场情况及投资环境的参考指标。本书构建的中国金融稳定指数具有很好的表征功能,准确反映了我国金融市场的稳定情况,一方面可以为金融监管部门提供把握我国金融稳定情况的参考依据,另一方面可以为投资者进行投资环境判断提供信息。

第二,建议管理部门考虑将中国金融稳定指数作为宏观经济的预警指数,以提高对主要宏观经济指数的预判能力。本书构建的中国金融稳定指数对 GDP 指数、宏观一致合成指数以及工业生产者出厂价格指数等具有预测能力,可以作为主要宏观经济指数的领先指数,建议管理部门将此指数作为宏观经济的预警指数,以提高对宏观经济的预判能力。

第三,加快推进利率的市场化,打通利率的传导渠道,提高货币政策有效性。我国中央银行的货币政策主要依靠的是改变基础货币的数量,利率的调节机制十分有限。但是此法的主要缺陷在于基础货币本身并不是一个可控的工具,基础货币具有不稳定性,美国等一些发达国家对此法只使用了很短的一段时间就转向了利率规则。而没有利率市场化,货币政策就不能有效地影响利率。目前,我国利率市场化尚未完成,可以通过在局部地区试点形成经验,对各项利率有序地进行市场化,稳定经济的增长,为市场化创造条件,推进利率的市场化,从而创造泰勒规则的应用环境。

第四,货币政策需关注金融稳定目标,货币政策的实施需趋向规则化。根据研究结果,中央银行可以关注金融稳定,尤其是在高通货膨胀环境下。同时,需注意高通货膨胀的问题,避免较高的通货膨胀经不稳定传导进一步被扩大。在宏观调控中注意合理地关注通货膨胀、产出和金融稳定等三个目标,提高货币政策规则化的比重。

第五,构建能够反映我国金融稳定情况的指数。鉴于金融稳定指数既能够综合反映我国金融稳定情况,又可以成为货币政策的新目标,很好地将中央银行的两大职能联系在一起,因此,可以考虑构建并定期发布此指数,一方面可为金融监管部门以及投资者把握我国金融稳定情况提供参考依据,另一方面有利于货币政策规则的应用。

6.3 研究展望

在指数的功能定位上，目前本书编制的中国金融稳定指数具有表征功能和领先功能，未来可以考虑进一步拓展其功能，构建具备投资功能的中国金融稳定指数，这将大大提高指数的商业价值。随着我国金融市场的发展和创新产品的不断涌现，具有投资功能的指数产品也将占有很重要的地位，所以这也是未来研究的方向之一。

在领先、滞后能力分析方面，本书主要考虑了我国的主要宏观经济指标，未来可以进一步扩大视野，研究中国金融稳定指数与发达国家，尤其是美国主要的经济或金融指标之间的关系。美国的货币政策及经济、金融指标的变化受到全球的关注，也影响着重要经济体的经济状况，所以研究中国金融稳定指数与美国相关指标的联动关系，有重要的现实意义。

在货币政策方面，将金融稳定纳入货币政策目标后，与通货膨胀、产出构成了货币政策的目标体系，这就涉及目标间的权重问题。本书未详细研究货币政策目标间的权重分配问题。此外，盯住金融稳定的主要目的是对金融不稳定进行预警，当金融系统出现较大不稳定时，能通过货币政策的逆向操作来消化风险。所以，与盯住通货膨胀不同，关于金融稳定目标的形式主要是构建指标体系或者指数，如何根据指标或指数的偏离情况实施不同的货币政策，也需要进一步的研究和探索。

在中国金融稳定指数的应用方面，一方面，当前许多涉及金融稳定的热点研究，为图便利，通常使用某个金融变量来代表金融稳定，在有了中国金融稳定指数之后，可以改善这些研究。另一方面，可以考虑扩展中国金融稳定指数的应用范围，如用于研究贫富差距等中、微观的问题，以得出更有价值的研究结论。

参 考 文 献

[1] 卞志村.泰勒规则的实证问题及在中国的检验[J].金融研究,2006(8):56-69.

[2] 卞志村.转型期货币政策规则研究[M].北京:人民出版社,2007.

[3] 卞志村,孙慧智,曹媛媛.金融形势指数与货币政策反应函数在中国的实证检验[J].金融研究,2012(8):44-55.

[4] 成丽敏.全球化背景下的中国金融稳定[M].大连:东北财经大学出版社,2014.

[5] 刁节文,章虎.基于金融形势指数对我国货币政策效果非线性的实证研究[J].金融研究,2012(4):32-44.

[6] 刁节文,章虎,李木子.中国金融形势指数及其在货币政策中的检验[J].山西财经大学学报,2011(7):49-56.

[7] 方兆本,朱俊鹏.中国金融稳定的度量及预测[J].金融论坛,2012(10):4-10.

[8] 封北麟,王贵民.金融状况指数FCI与货币政策反应函数经验研究[J].财经研究,2006(12):53-64.

[9] 高洁超,孟士清.中国非线性审慎利率规则的实证研究[J].南京审计学院学报,2015(6):95-104.

[10] 葛奇.金融稳定与中央银行货币政策目标——对"杰克逊霍尔共识"的再认识[J].国际金融研究,2016(6):3-12.

[11] 郭红兵,杜金岷.中国综合金融稳定指数(ACFSI)的构建、应用及政策含义[J].金融经济学研究,2014(1):3-26.

[12] 郭红兵,杜金岷.中国货币政策关注金融稳定吗?——纳入FSCI的货币政策反应函数的实证检验[J].广东财经大学学报,2014(5):4-13.

[13] 何德旭.中国金融稳定:内在逻辑与基本框架[M].北京:社会科学文献出版社,

2013.

[14] 何德旭,娄峰.中国金融稳定指数的构建及测度分析[J].中国社会科学院研究生院学报,2011(4):16-25.

[15] 荷曼·瑞斯勃格.美国次贷风波引发对金融稳定的再思考——德国中央银行的视角[J].中国金融,2007(23):31-33.

[16] 黄佳,朱建武.基于金融稳定的货币政策框架修正研究[J].财经研究,2007(4):96-106.

[17] 金德尔伯格.疯狂、惊恐和崩溃——金融危机史[M].北京:中国金融出版社,2007.

[18] 鞠学祯.金融稳健性指标编制指南简介[J].中国统计,2014(1):32-33.

[19] 李成武.金融稳健统计理论的产生、发展与现状[J].统计与决策,2006(8):100-101.

[20] 李佳玲.基于动态因子分析的我国金融稳定指数研究[J].科技和产业,2015(3):147-151.

[21] 刘金全.货币政策作用的有效性和非对称性研究[J].管理世界,2002(3):43-51.

[22] 刘金全,张小宇.时变参数"泰勒规则"在我国货币政策操作中的实证研究[J].管理世界,2012(7):20-28.

[23] 陆军,钟丹.泰勒规则在中国的协整检验[J].经济研究,2003(8):76-85.

[24] 马勇.植入金融因素的 DSGE 模型研究新进展[J].经济学动态,2013(8):127-136.

[25] 马勇.金融稳定与宏观审慎理论框架及在中国的应用[M].北京:中国金融出版社,2016.

[26] 米尔顿·弗里德曼,安娜·雅各布森·施瓦茨.美国货币史:1967—1960[M].北京:北京大学出版社,2009.

[27] 明斯基.稳定不稳定的经济——一种金融不稳定视角[M].北京:清华大学出版社,2010.

[28] 潘阳春.基于综合稳定指数的中国金融体系稳定性研究[J].华东交通大学学报,2012(2):71-78.

[29] 谭政勋.房价波动与金融稳定的理论模型,我国实证及国际比较[M].北京:中国社会科学出版社,2013.

[30] 万光彩,张霆,卫松涛.基于金融稳定视角的货币政策与宏观审慎政策演进[J].东北农业大学学报(社会科学版),2015(10):31-37.

[31] 万晓莉.中国1987—2006年金融体系脆弱性的判断与测度[J].金融研究,2008(6):80-93.

[32] 王爱俭,刘通午.金融稳定下中国货币政策运行研究[M].北京:中国金融出版社,2012.

[33] 王彬.金融形势指数与货币政策——基于中国数据的实证研究[J].当代经济科学,2009(7):20-27.

[34] 王建国.泰勒规则与我国货币政策反应函数的实证研究[J].数量经济技术经济研究,2006(1):43-49.

[35] 王静.我国金融稳健性监测指标体系构建研究[J].技术经济与管理研究,2013(1):99-102.

[36] 王明华,黎志成.金融稳定评估指标体系:银行稳定的宏观成本控制研究[J].中国软科学,2005(9):126-132.

[37] 王晓天.开放条件下的货币政策规则研究[M].北京:中国金融出版社,2007.

[38] 王雪峰.中国金融稳定状态指数的构建——基于状态空间模型分析[J].当代财经,2010(5):51-60.

[39] 王自力.金融稳定与货币稳定关系论[J].金融研究,2005(5):1-11.

[40] 夏斌,廖强.货币供应量已不宜作为当前我国货币政策的中介目标[J].经济研究,2001(8):33-43.

[41] 肖本华.货币政策规则——行为经济学范式[M].上海:上海财经大学出版社,2012.

[42] 肖强,司颖华.我国FCI的构建及对宏观经济变量影响的非对称性[J].金融研究,2015(8):95-107.

[43] 谢平,罗雄.泰勒规则及其在中国货币政策中的检验[J].经济研究,2002(3):3-12.

[44] 许涤龙,刘妍琼,封艳红.基于不同赋权方法的金融状况指数的比较研究[J].上海金融,2014(7):29-36.

[45] 徐国祥.统计指数理论及应用[M].北京:中国统计出版社,2009.

[46] 徐国祥.统计指数理论、方法与应用研究[M].上海:上海人民出版社,2011.

[47] 闫玉震.北京市金融稳健评价指标体系的构建研究[J].企业家天地,2009(11):3-4.

[48] 杨立勋,周之奇.基于金融稳健指数 CFSI 的金融稳定性分析[J].统计与决策,2015(6):172-174.

[49] 余明.资产价格、金融稳定与货币政策[M].北京:中国金融出版社,2003.

[50] 余珊萍,邓益民.金融稳健性评价指标的新发展及在中国的应用[J].东南大学学报(哲学社会科学版),2012(5):28-31.

[51] 虞伟荣,胡海鸥.论金融风险监控指标体系的最新发展——IMF 金融稳健性指标评价体系评介[J].外国经济与管理,2004(5):32-37.

[52] 袁野.时变参数的货币政策规则及其对利率:限结构的动态影响——基于资产价格波动、汇率因素对 Taylor 规则的修正[J].中央财经大学学报,2014(5):40-46.

[53] 张庆君.资产价格波动与金融稳定性研究[M].长春:吉林大学出版社,2011.

[54] 张屹山,张代强.前瞻性货币政策反应函数在我国货币政策中的检验[J].经济研究,2007(3):20-32.

[55] 赵进文,黄彦.中国货币政策与通货膨胀关系的模型实证研究[J].中国社会科学,2006(2):45-54.

[56] 赵振全,于震,杨东亮.金融发展与经济增长的非线性关联研究——基于门限模型的实证研究[J].数量经济技术经济研究,2007(7):54-62.

[57] 仲彬,陈浩.金融稳定监测的理论、指标和方法[J].上海金融,2004(9):33-35.

[58] 中国人民银行金融稳定分析小组.中国金融稳定报告 2005[R].北京:中国金融出版社,2005.

[59] 周海欧,肖茜.我国金融稳定测度与因素分析(1994—2013)——基于"表现"和"能力"综合评价的视角[J].当代财经,2015(1):43-54.

[60] 周之奇.中国金融稳健性的综合指数分析[J].经营管理者,2013(9):53-60.

［61］朱远程,闫玉震.中国金融稳健指标体系构建及实证研究［J］.商业时代,2010(34):47-48.

［62］Adam Gersl, Jaroslav Hermanek. Financial Stability Indicators: Advantages and Disadvantages of Their Use in the Assessment of Financial System Stability［R］. Czech National Bank, Research Department working paper,2006(2):69-79.

［63］Adam Gersl, Jaroslav Hermanek. Indicators of Financial System Stability: Towards an Aggregate Financial Stability Indicator? ［J］. Prague Economic Papers, 2008(3):127-142.

［64］Albulescu C T. Forecasting the Romanian Financial System Stability Using a Stochastic Simulation Model［J］. Romanian Journal of Economic Forecasting, 2010, 13(1):81-98.

［65］Albulescu C T. Criza mondiala si redefinirea rolului bancilor central. Studii Postdoctorale in economie, Studii si cercetari financiar-monetare. Editura Academiei Romane, 2013(2).

［66］Albulescu C T, Goyeau D, Pepin D. Financial instability and ECB monetary policy［J］. Economics Bulletin, 2013,33(1): 388-400.

［67］Alessi L, Detken C. Quasi real time early warning indicators for costly asset price boom/bust cycles: a role for global liquidity［J］. European Journal of Political Economy, 2011,27(3):520-533.

［68］Allen F, Gale D. Comparing financial system［M］. Cambridge: MIT Press, 2000.

［69］Baur D G, Schulze N. Financial market stability—A test［J］. Journal of International Financial Markets. 2009, 19(3):506-519.

［70］Baxa J, Horvath R, Vasicek B. Time-varying monetary policy rules and financial stress: Does financial instability matter for monetary policy? ［J］. Journal of Financial Stability, 2013, 9(1):117-138.

［71］Benjamin Kafer. The Taylor Rule and Financial Stability-A Literature Review with A: lication for the Eurozone［J］. Magks Papers on Economics, 2014,

65(2):159-192.

[72] Bergman U M, Hansen J. Financial Instability and Monetary Policy: The Swedish Evidence[R]. NSveriges Riksbank Working Papers, 2002, No. 137.

[73] Bernanke B S. Asset-Price Bubbles and Monetary Policy[R]. 2002, Oct.

[74] Bernanke B S, Gertler M. Monetary policy and asset price volatility[R]. Federal Reserve Bank of Kansas City symposium, Economic Policy Symposium-jackson Hole, 1999.

[75] Bernanke B S, Mishkin F S. Inflation Targeting: A New Framework for Monetary Policy? [J]. Journal of Economic Perspectives, 1997,11(2):97-116.

[76] Bordo M D. Sound Money and Sound Financial Policy[J]. Journal of Financial Services Research, 2000(18):129-155.

[77] Bordo M D, Dueker M, Wheelock D C. Aggregate Price Shocks and Financial Instability: An Historical Analysis [R]. NBER Working Papers, 2000, No. 005B.

[78] Borio C, Drehmann M. Assessing the Risk of Banking Crises[J]. BIS Quarterly Review, 2009, Mar. :43-54.

[79] Borio C, Lowe P. To Provision or Not to Provision[J]. BIS Quarterly Review, 2001, Jun. 36-48.

[80] Borio C, Lowe P. Asset Prices Financial and Monetary Stability: Exploring the Nexus[R]. BIS Working Papers, 2002, No. 114.

[81] Borio C, White W. Whither Monetary and Financial Stability? The Implications of Evolving Policy Regimes[R]. BIS Working Paper, 2004, No. 147.

[82] Brave S A, Butters R A. Monitoring Financial Stability: A Financial Conditions Index A:roach[J]. Economic Perspectives, 2011, 35(1):22-43.

[83] Castro V. Can Central Banks' Monetary Policy be Described by a Linear (augmented) Taylor Rule or by a Nonlinear Rule? [J]. Journal of Financial Stability, 2011, 7(4):228-246.

[84] Celine Gauthier, Christopher Graham, Ying Liu. Financial Conditions Indexes

for Canada[Z]. Bank of Canada, Working Paper, 2004, No. 22.

[85] Chant J. Financial Stability as a Policy Goal[D]. Essays on Financial Stability, 2003(95):1-28.

[86] Clarida R, Gali J, Gertler M. The Science of Monetary Policy[J]. Journal of Economic Literature, 1999(37):1661-1707.

[87] Crockett A. The Theory and Practice of Financial Stability[J]. De Economist, 1996, 144(4):531-568.

[88] Daniela Zapodeanu, Mihail-Ioan Cociuba. Financial Soundness Indicators[J]. Annals of the University of Petrosani, Economics, 2010, 10(3):365-372.

[89] Davis P. A Typology of Financial Instability, Financial Stability Report 2, 2002.

[90] Demirguc-Kunt A, Detragiache E. The Determinants of Banking Crises in Developing and Developed Countries[Z]. IMF Working Papers, 1998, No. 45: 81-109.

[91] Duisenberg W F. Globalization of Financial Markets and Financial Stability-challenges for Europe. Baden-Baden, 2001:37-51.

[92] ECB. EU Banking Sector Stability[R]. European Central Bank, 2006.

[93] Ferguson R W. Should Financial Stability Be An Explicit Central Bank Objective? Challenges to Central Banking from Globalized Financial Systems[R]. Conference at the IMF, 2002, September 16-17.

[94] Fish I. The Debt-Deflation Theory of Great Depression [J]. Econometrica, 1933(1):337-357.

[95] Foot M. What is Financial Stability and How Do We Get It? [R]. The Roy Bridge Memorial Lecture, 2003.

[96] Frankela J A, Rose A K. Currency crashes in emerging markets: An empirical treatment[J]. Journal of International Economics, 1996(41):351-366.

[97] Friedman M, Schwartz A. A Monetary History of the United States:1867—1960 [M]. Princeton: Princeton University Press, 1963.

[98] Friedman M, Schwartz A. Interrelations between the United States and the

United Kingdom, 1873—1975[J]. Journal of International Money and Finance, 1982(1):3-19.

[99] Furman J, Stiglitz J E. Economic Crises: Evidence and Insights from East Asia [J]. Brookings Papers on Economic Activity, 1998, 58(2):1-135.

[100] Gerdesmeier D, Reimers H, Roffia B. Asset Price Misalignments and the Role of Money and Credit[Z]. ECB Working Paper,2009, No. 1068.

[101] Goodhart C, Hofmann B. House Price and the Macroeconomy[M]. Oxford: Oxford University Press,2007.

[102] Goodhart C, Hofmann B, Segoviano M. Bank Regulation and Macroeconomic Fluctuations[J]. Oxford Review of Economic Policy,2004, 20(4):591-615.

[103] Houben A, Kake J, Schinasi G. Towards a Framework for Safeguarding Financial Stability[Z]. IMF Working Paper, 2004, WP/04/101.

[104] Illing M, Liu Ying. Measuring financial stress in a developed country: An a: lication to Canada[J]. Journal of Financial Stability,2006,2(3):243-265.

[105] IMF. Financial Soundness Indicators: Compilation Guide[R]. International Monetary Fund,2006.

[106] Jan Willem van den End. Indicator and Boundaries of Financial Stability[R]. DNB Working Paper, 2006, No. 097.

[107] Johnston R B, Chai J, Schumacher L. Assessing Financial System Vulnerabilities[R]. IMF Working Paper, 2000, No. 4.

[108] Jones M, Hilbers P, Stack G. Stress Testing Financial Systems: What to Do When the Governor Calls[R]. IMF Working Paper, 2004, WP/04/127.

[109] King R G, Levine R. Finance and Growth: Schumpeter Might Be Right[J]. Quarterly Journal of Economics, 1993(108):717-737.

[110] Leeper E M, Nason J M. Bringing Financial Stability into Monetary Policy[J]. Social Science Electronic Publishing, 2014, 26(302):9-25.

[111] Magdalena Petrovska, Elena Muchwva Mihajlovska. Measures of Financial Stability in Macedonia[J]. Central Banking Theory and Practice, 2013, 2(2):

85-110.

[112] Migue A M, Estrada D. A Financial Stability Index for Colombia[J]. Annals of Finance, 2010(5):555-581.

[113] Mishkin F S. Global Financial Instability: Framework, Events, Issues[J]. Journal of Economic Perspectives, 1999, 13(4):3-20.

[114] Mishkin F S, Posen A S. How successful has inflation targeting been? [J]. Federal Reserve Bank of New York, 1997.

[115] Nicholas Cheang, Isabel Choy. Aggregate Financial Stability Index for an Early Warning System[J]. Macao Monetary Research Bulletin, 2011(21):27-51.

[116] Norge Bank. Financial Stability:2003[M]. Published by Norge Bank,2003.

[117] OeNB. Financial Stability Report 24[R]. 2012.

[118] Petr Jakubik, Tomas Slacik. Measuring Financial (In)Stability in Emerging Europe: A New Index-Based Approach[J]. Financial Stability Report, 2013, 25(6):102-117.

[119] Posen A S. Why Central Banks Should Not Burst Bubbles[J]. International Finance, 2006,9(1):109-124.

[120] Roubini N. Why Central Banks Should Burst Bubbles[J]. International Finance, 2006, 9(1): 87-107.

[121] Sales A S, Areosa W D, Areosa M B M. Some Financial Stability Indicators for Brazil[R]. Working Papers, 2012.

[122] Schinasi G J. Responsibility of Central Banks for Stability in Financial Markets[R]. IMF Working Paper, 2003, WP/03/121.

[123] Schinasi G J. Defining Financial Stability[R]. IMF Working Paper, 2004, WP/04/187.

[124] Siklos P L. The Changing Face of Central Banking: Econometric Analysis of Central Bank Behavior: An Evolutionary Approach[J]. Access & Download Statistics, 2002, 73 (289): 606-607.

[125] Sorge M. Stress-testing Financial Systems: An Overview of Current

Methodologies[R]. BIS Working Paper, 2004, No. 165.

[126] Stefano Puddu. Optimal Weights and Stress Banking Indexes[J]. University of Neuchatel Institute of Economic Research, 2012(3):1-44.

[127] Svensson L E O. Optimal Inflation Targets[J]. Conservative' Central Banks, and Linear Inflation Contracts, American Economic Review, 1997(87):98-114.

[128] Tommaso Padoa-Schioppa. Central Banks and Financial Stability: Exploring a Land in Between[R]. 2003.

[129] Tversky A, Kahneman D. Advances in prospect theory: Cumulative representation of uncertainty[J]. Journal of Risk and Uncertainty, 1992, 5(4): 297-323.

[130] Viorica Chirila, Ciprian Chirila. Financial market stability: a quantile regression approach[J]. Procedia Economics and Finance, 2015(20):125-130.

[131] Woodford Michael. Inflation Targeting and Financial Stability[J]. Sveriges Riksbank Economic Review, 2012(1):7-32.

[132] Yanbin Chen, Zhen Huo. A Conjecture of Chinese Monetary Policy Rule: Evidence from Survey Data, Markov Regime Switching and Drifting Coefficients [J]. Annals of Economics and Finance, 2009,10(1):111-153.

附　　录

表 1-a　CFSI 指标原始数据

指标名称 频率 单位 时间	GDP	商业银行不良 贷款比例	M2	股票市盈率
	季	季	季	季
	亿元	—	亿元	—
2003-06	32 537.30	19.60%	204 907.42	41.44
2003-09	35 291.90	18.75%	213 567.13	38.42
2003-12	39 767.40	17.90%	221 222.82	39.48
2004-03	34 544.60	16.60%	231 654.60	47.89
2004-06	38 700.80	13.32%	238 427.49	33.86
2004-09	41 855.00	13.37%	243 756.88	33.41
2004-12	46 739.80	13.20%	253 207.70	28.45
2005-03	40 453.30	12.40%	264 588.94	28.28
2005-06	44 793.10	8.71%	275 785.53	24.67
2005-09	48 047.80	8.58%	287 438.27	27.04
2005-12	54 024.80	8.61%	298 755.67	25.47
2006-03	47 078.90	8.03%	310 490.65	31.32
2006-06	52 673.30	7.53%	322 756.35	36.65
2006-09	56 064.70	7.33%	331 865.36	29.29
2006-12	63 621.60	7.09%	345 577.91	37.09
2007-03	57 177.00	6.63%	364 104.66	48.60

（续表）

指标名称 \ 时间	GDP	商业银行不良贷款比例	M2	股票市盈率
频率	季	季	季	季
单位	亿元	—	亿元	—
2007-06	64 809.60	6.45%	377 832.15	44.82
2007-09	69 524.30	6.17%	393 098.91	56.33
2007-12	78 721.40	6.17%	403 401.30	49.22
2008-03	69 410.40	5.78%	423 054.53	34.07
2008-06	78 769.00	5.58%	443 141.02	25.38
2008-09	82 541.90	5.49%	452 898.71	22.01
2008-12	88 794.30	2.40%	475 166.60	20.04
2009-03	74 053.10	2.04%	530 626.71	32.89
2009-06	83 981.30	1.77%	568 916.20	36.88
2009-09	90 014.10	1.66%	585 405.34	30.34
2009-12	101 032.80	1.58%	610 224.52	35.42
2010-03	87 616.70	1.40%	649 947.46	35.38
2010-06	99 532.40	1.30%	673 921.72	24.73
2010-09	106 238.70	1.20%	696 471.50	26.81
2010-12	119 642.50	1.10%	725 851.79	27.04
2011-03	104 641.30	1.10%	758 130.88	27.60
2011-06	119 174.30	1.00%	780 820.85	23.76
2011-09	126 981.60	0.90%	787 406.20	20.76
2011-12	138 503.30	1.00%	851 590.90	18.62
2012-03	117 593.90	0.94%	895 565.50	20.91
2012-06	131 682.50	0.94%	924 991.20	21.58
2012-09	138 622.20	0.95%	943 688.75	19.56
2012-12	152 468.90	0.95%	974 148.80	20.69

（续表）

指标名称 　频率 　　单位 时间	GDP 季 亿元	商业银行不良 贷款比例 季 —	M2 季 亿元	股票市盈率 季 —
2013-03	129 747.00	0.96％	1 035 858.37	23.88
2013-06	143 967.00	0.96％	1 054 403.69	19.90
2013-09	152 905.30	0.97％	1 077 379.16	22.63
2013-12	168 625.10	1.00％	1 106 524.98	21.06
2014-03	140 618.30	1.04％	1 160 687.38	22.67
2014-06	156 461.30	1.08％	1 209 587.20	23.17
2014-09	165 711.90	1.16％	1 202 051.41	32.26
2014-12	181 182.50	1.25％	1 228 374.81	29.34
2015-03	150 986.70	1.39％	1 275 332.78	39.54
2015-06	168 503.00	1.50％	1 333 375.36	44.03
2015-09	176 710.40	1.59％	1 359 824.06	25.19
2015-12	192 851.90	1.67％	1 392 278.11	40.17
2016-03	161 456.30	1.75％	1 446 198.03	29.42

表 1-b　CFSI 指标原始数据

指标名称 　频率 　　单位 时间	活期存款利率 月 —	短期贷款利率[6 个月至 1 年(含)] 月 —	境内上市公司 总市值 月 亿元	国内信贷 月 亿元
2003-06	0.72％	5.31％	41 629.53	190 670.26
2003-07	0.72％	5.31％	41 485.71	191 859.25
2003-08	0.72％	5.31％	40 305.68	195 550.23
2003-09	0.72％	5.31％	39 080.79	198 449.05

（续表）

指标名称 时间　频率　单位	活期存款利率	短期贷款利率[6个月至1年(含)]	境内上市公司总市值	国内信贷
	月	月	月	月
	—	—	亿元	亿元
2003-10	0.72%	5.31%	38 522.51	198 847.68
2003-11	0.72%	5.31%	40 109.84	199 755.54
2003-12	0.72%	5.31%	42 457.71	206 283.64
2004-01	0.72%	5.31%	45 456.48	207 355.79
2004-02	0.72%	5.31%	48 441.32	208 726.85
2004-03	0.72%	5.31%	50 417.42	212 393.88
2004-04	0.72%	5.31%	45 804.96	214 218.83
2004-05	0.72%	5.31%	44 742.63	213 749.06
2004-06	0.72%	5.31%	40 408.09	213 923.99
2004-07	0.72%	5.31%	40 377.19	212 972.09
2004-08	0.72%	5.31%	39 031.39	213 768.63
2004-09	0.72%	5.31%	40 928.61	217 476.87
2004-10	0.72%	5.58%	38 741.88	216 754.66
2004-11	0.72%	5.58%	39 458.96	218 834.51
2004-12	0.72%	5.58%	37 055.57	224 419.11
2005-01	0.72%	5.58%	34 877.62	226 979.44
2005-02	0.72%	5.58%	38 443.12	227 504.61
2005-03	0.72%	5.58%	34 802.72	231 100.62
2005-04	0.72%	5.58%	33 871.08	231 483.39
2005-05	0.72%	5.58%	31 330.34	231 307.40
2005-06	0.72%	5.58%	31 590.02	235 755.62
2005-07	0.72%	5.58%	31 397.34	236 149.92
2005-08	0.72%	5.58%	33 445.61	238 634.01

（续表）

指标名称 频率 单位 时间	活期存款利率 月 —	短期贷款利率[6个月至1年(含)] 月 —	境内上市公司总市值 月 亿元	国内信贷 月 亿元
2005-09	0.72%	5.58%	33 367.60	242 219.66
2005-10	0.72%	5.58%	31 373.18	241 090.15
2005-11	0.72%	5.58%	31 095.16	243 946.28
2005-12	0.72%	5.58%	32 430.28	248 367.10
2006-01	0.72%	5.58%	34 931.94	256 434.74
2006-02	0.72%	5.58%	35 766.35	258 548.98
2006-03	0.72%	5.58%	35 341.74	263 294.47
2006-04	0.72%	5.85%	37 769.09	264 944.49
2006-05	0.72%	5.85%	43 210.44	267 984.68
2006-06	0.72%	5.85%	44 200.79	271 244.79
2006-07	0.72%	5.85%	47 459.68	270 790.75
2006-08	0.72%	6.12%	49 609.87	273 282.64
2006-09	0.72%	6.12%	52 282.79	275 819.99
2006-10	0.72%	6.12%	62 025.71	276 049.38
2006-11	0.72%	6.12%	70 852.85	279 927.56
2006-12	0.72%	6.12%	89 403.90	288 737.79
2007-01	0.72%	6.12%	105 643.47	292 047.68
2007-02	0.72%	6.12%	112 870.46	296 617.65
2007-03	0.72%	6.39%	128 033.36	301 433.85
2007-04	0.72%	6.39%	160 929.56	303 836.96
2007-05	0.72%	6.57%	177 739.50	305 399.96
2007-06	0.72%	6.57%	166 232.79	313 661.62
2007-07	0.81%	6.84%	199 191.51	314 615.05

（续表）

指标名称 频率 单位 时间	活期存款利率 月 —	短期贷款利率[6 个月至1年(含)] 月 —	境内上市公司 总市值 月 亿元	国内信贷 月 亿元
2007-08	0.81%	7.02%	233 087.13	318 149.44
2007-09	0.81%	7.29%	253 157.00	323 435.97
2007-10	0.81%	7.29%	280 235.62	324 720.83
2007-11	0.81%	7.29%	289 884.53	327 963.61
2007-12	0.72%	7.47%	327 140.89	339 659.23
2008-01	0.72%	7.47%	277 854.82	345 162.34
2008-02	0.72%	7.47%	281 633.02	347 539.53
2008-03	0.72%	7.47%	226 789.14	348 375.80
2008-04	0.72%	7.47%	240 244.25	350 397.88
2008-05	0.72%	7.47%	224 866.70	351 180.28
2008-06	0.72%	7.47%	178 035.10	353 970.67
2008-07	0.72%	7.47%	181 884.60	356 557.18
2008-08	0.72%	7.47%	155 435.29	357 818.20
2008-09	0.72%	7.20%	148 164.00	362 950.53
2008-10	0.72%	6.66%	112 067.80	363 180.17
2008-11	0.36%	5.58%	122 484.24	362 521.42
2008-12	0.36%	5.31%	121 366.44	379 378.67
2009-01	0.36%	5.31%	133 095.49	395 264.38
2009-02	0.36%	5.31%	140 389.20	406 021.93
2009-03	0.36%	5.31%	161 474.24	427 576.65
2009-04	0.36%	5.31%	169 253.31	433 929.61
2009-05	0.36%	5.31%	179 786.64	440 462.11
2009-06	0.36%	5.31%	201 448.06	457 598.38

（续表）

指标名称 频率 单位 时间	活期存款利率 月 —	短期贷款利率[6个月至1年(含)] 月 —	境内上市公司总市值 月 亿元	国内信贷 月 亿元
2009-07	0.36％	5.31％	235 734.81	461 201.98
2009-08	0.36％	5.31％	187 095.40	465 028.43
2009-09	0.36％	5.31％	196 901.69	473 934.63
2009-10	0.36％	5.31％	215 892.01	475 583.94
2009-11	0.36％	5.31％	239 503.04	483 527.17
2009-12	0.36％	5.31％	243 939.12	494 580.27
2010-01	0.36％	5.31％	226 361.62	503 451.44
2010-02	0.36％	5.31％	236 597.00	512 449.00
2010-03	0.36％	5.31％	244 952.58	521 017.53
2010-04	0.36％	5.31％	227 905.50	526 907.13
2010-05	0.36％	5.31％	209 639.43	530 425.34
2010-06	0.36％	5.31％	195 138.73	540 682.50
2010-07	0.36％	5.31％	225 922.05	542 024.65
2010-08	0.36％	5.31％	235 121.36	550 585.21
2010-09	0.36％	5.31％	238 740.36	559 825.36
2010-10	0.36％	5.56％	270 133.59	563 938.27
2010-11	0.36％	5.56％	264 315.58	571 200.87
2010-12	0.36％	5.81％	265 422.59	587 324.02
2011-01	0.36％	5.81％	261 289.85	594 222.53
2011-02	0.40％	6.06％	276 857.72	599 170.89
2011-03	0.40％	6.06％	277 662.18	611 055.84
2011-04	0.50％	6.31％	274 637.37	610 891.77
2011-05	0.50％	6.31％	258 191.37	615 916.16

（续表）

指标名称 时间	活期存款利率 月 —	短期贷款利率[6 个月至1年(含)] 月 —	境内上市公司 总市值 月 亿元	国内信贷 月 亿元
2011-06	0.50%	6.31%	264 214.34	630 497.60
2011-07	0.50%	6.56%	263 380.69	626 654.82
2011-08	0.50%	6.56%	254 617.20	636 118.52
2011-09	0.50%	6.56%	231 596.27	647 552.48
2011-10	0.50%	6.56%	242 982.92	650 085.54
2011-11	0.50%	6.56%	231 715.41	663 626.12
2011-12	0.50%	6.56%	214 758.10	687 971.60
2012-01	0.50%	6.56%	220 919.28	691 214.32
2012-02	0.50%	6.56%	238 810.52	700 322.71
2012-03	0.50%	6.56%	224 704.90	722 026.16
2012-04	0.50%	6.56%	238 177.93	718 888.65
2012-05	0.50%	6.56%	239 308.05	725 155.13
2012-06	0.40%	6.31%	226 209.28	746 505.22
2012-07	0.35%	6.00%	213 192.01	743 175.35
2012-08	0.35%	6.00%	209 564.96	751 852.55
2012-09	0.35%	6.00%	213 947.38	772 580.93
2012-10	0.35%	6.00%	212 784.00	770 212.03
2012-11	0.35%	6.00%	199 378.08	778 865.08
2012-12	0.35%	6.00%	230 357.62	805 593.77
2013-01	0.35%	6.00%	243 908.28	814 349.18
2013-02	0.35%	6.00%	245 516.22	820 002.08
2013-03	0.35%	6.00%	233 684.97	846 427.32
2013-04	0.35%	6.00%	228 641.89	845 308.39

（续表）

时间 指标名称 频率 单位	活期存款利率 月 —	短期贷款利率[6 个月至1年(含)] 月 —	境内上市公司 总市值 月 亿元	国内信贷 月 亿元
2013-05	0.35%	6.00%	247 754.75	851 200.08
2013-06	0.35%	6.00%	212 812.92	867 997.53
2013-07	0.35%	6.00%	218 531.83	869 786.08
2013-08	0.35%	6.00%	230 192.11	878 960.97
2013-09	0.35%	6.00%	241 276.42	899 230.16
2013-10	0.35%	6.00%	236 194.51	896 149.07
2013-11	0.35%	6.00%	247 684.61	903 268.01
2013-12	0.35%	6.00%	230 977.19	927 007.02
2014-01	0.35%	6.00%	237 825.68	941 220.72
2014-02	0.35%	6.00%	241 683.46	947 973.61
2014-03	0.35%	6.00%	236 625.06	972 329.30
2014-04	0.35%	6.00%	236 275.70	979 466.20
2014-05	0.35%	6.00%	239 723.61	991 229.16
2014-06	0.35%	6.00%	244 129.67	1 016 864.17
2014-07	0.35%	6.00%	261 989.46	1 008 104.01
2014-08	0.35%	6.00%	268 701.84	1 019 481.31
2014-09	0.35%	6.00%	293 548.17	1 032 886.40
2014-10	0.35%	6.00%	300 486.66	1 032 576.94
2014-11	0.35%	5.60%	327 826.91	1 045 883.46
2014-12	0.35%	5.60%	372 546.96	1 076 962.18
2015-01	0.35%	5.60%	385 424.77	1 093 561.42
2015-02	0.35%	5.60%	407 592.69	1 112 422.99
2015-03	0.35%	5.35%	477 018.15	1 136 551.53

（续表）

指标名称	活期存款利率	短期贷款利率[6个月至1年(含)]	境内上市公司总市值	国内信贷
频率 单位 时间	月 —	月 —	月 亿元	月 亿元
2015-04	0.35%	5.35%	563 491.34	1 147 751.55
2015-05	0.35%	5.10%	627 465.46	1 171 993.31
2015-06	0.35%	4.85%	627 465.46	1 199 812.09
2015-07	0.35%	4.85%	504 845.64	1 225 409.23
2015-08	0.35%	4.60%	438 027.18	1 239 223.10
2015-09	0.35%	4.60%	419 528.16	1 255 732.27
2015-10	0.35%	4.35%	476 622.02	1 280 404.15
2015-11	0.35%	4.35%	503 636.17	1 302 002.60
2015-12	0.35%	4.35%	531 304.20	1 332 692.76
2016-01	0.35%	4.35%	403 936.81	1 374 237.66
2016-02	0.35%	4.35%	397 181.51	1 391 678.59
2016-03	0.35%	4.35%	454 199.26	1 425 206.59
2016-04	0.35%	4.35%	447 928.03	1 435 103.51
2016-05	0.35%	4.35%	396 118.92	1 459 755.33
2016-06	0.35%	4.35%	463 201.35	1 496 112.44

表 1-c CFSI 指标原始数据

指标名称	国内信贷	金融机构各项贷款余额	金融机构各项存款余额
频率 单位 时间	月 亿元	月 亿元	月 亿元
2003-06	190 670.26	149 156.56	194 306.47
2003-07	191 859.25	150 216.81	195 520.53

（续表）

指标名称 频率 单位 时间	国内信贷 月 亿元	金融机构各项 贷款余额 月 亿元	金融机构各项 存款余额 月 亿元
2003-08	195 550.23	153 025.17	197 725.62
2003-09	198 449.05	156 059.89	202 869.26
2003-10	198 847.68	156 676.17	204 076.95
2003-11	199 755.54	157 701.12	206 119.57
2003-12	206 283.64	158 996.23	208 055.59
2004-01	207 355.79	161 730.64	210 248.48
2004-02	208 726.85	163 810.61	214 628.54
2004-03	212 393.88	167 442.53	220 563.25
2004-04	214 218.83	169 434.99	222 360.32
2004-05	213 749.06	170 566.13	225 048.71
2004-06	213 923.99	169 905.22	229 670.82
2004-07	212 972.09	169 884.39	230 192.75
2004-08	213 768.63	171 040.15	232 473.01
2004-09	217 476.87	173 473.07	235 029.68
2004-10	216 754.66	173 728.97	236 483.03
2004-11	218 834.51	175 224.01	239 788.54
2004-12	224 419.11	177 363.49	240 525.07
2005-01	226 979.44	181 082.96	245 368.63
2005-02	227 504.61	182 042.30	248 752.10
2005-03	231 100.62	185 461.32	255 573.32
2005-04	231 483.39	186 889.10	258 882.32
2005-05	231 307.40	186 274.10	262 848.38
2005-06	235 755.62	186 178.70	269 140.58

（续表）

指标名称 频率 单位 时间	国内信贷 月 亿元	金融机构各项 贷款余额 月 亿元	金融机构各项 存款余额 月 亿元
2005-07	236 149.92	185 859.75	270 736.45
2005-08	238 634.01	187 756.60	275 100.41
2005-09	242 219.66	190 941.90	279 882.41
2005-10	241 090.15	191 168.27	281 465.66
2005-11	243 946.28	193 416.93	285 504.74
2005-12	248 367.10	194 690.39	287 169.52
2006-01	256 434.74	199 492.05	291 436.87
2006-02	258 548.98	201 020.25	297 671.93
2006-03	263 294.47	206 394.59	305 532.64
2006-04	264 944.49	209 555.78	310 105.35
2006-05	267 984.68	211 649.97	314 347.80
2006-06	271 244.79	215 302.59	318 455.71
2006-07	270 790.75	216 935.55	319 860.35
2006-08	273 282.64	218 836.14	323 903.07
2006-09	275 819.99	221 035.86	327 775.52
2006-10	276 049.38	221 205.32	329 298.14
2006-11	279 927.56	223 141.55	334 361.41
2006-12	288 737.79	225 285.28	335 434.10
2007-01	292 047.68	231 031.18	340 137.70
2007-02	296 617.65	235 168.74	345 444.40
2007-03	301 433.85	239 585.58	354 248.28
2007-04	303 836.96	243 805.22	358 746.27
2007-05	305 399.96	246 277.96	360 327.12

（续表）

指标名称 频率 单位 时间	国内信贷 月 亿元	金融机构各项 贷款余额 月 亿元	金融机构各项 存款余额 月 亿元
2007-06	313 661.62	250 792.59	369 368.28
2007-07	314 615.05	253 106.67	370 953.81
2007-08	318 149.44	256 135.41	377 415.95
2007-09	323 435.97	258 970.33	382 981.20
2007-10	324 720.83	260 331.44	378 483.70
2007-11	327 963.61	261 205.40	385 507.14
2007-12	339 659.23	261 690.88	389 371.15
2008-01	345 162.34	269 695.58	391 551.46
2008-02	347 539.53	272 165.99	404 927.55
2008-03	348 375.80	275 000.21	415 693.11
2008-04	350 397.88	279 690.16	422 275.01
2008-05	351 180.28	282 875.17	431 273.96
2008-06	353 970.67	286 199.38	438 989.25
2008-07	356 557.18	290 016.98	443 671.51
2008-08	357 818.20	292 732.36	450 172.32
2008-09	362 950.53	296 477.09	454 941.54
2008-10	363 180.17	298 295.65	458 331.49
2008-11	362 521.42	295 749.55	462 369.22
2008-12	379 378.67	303 394.64	466 203.32
2009-01	395 264.38	319 921.84	481 592.11
2009-02	406 021.93	330 637.71	498 100.30
2009-03	427 576.65	349 554.82	522 618.72
2009-04	433 929.61	355 472.82	532 941.05

（续表）

指标名称 频率 单位 时间	国内信贷 月 亿元	金融机构各项贷款余额 月 亿元	金融机构各项存款余额 月 亿元
2009-05	440 462. 11	362 141. 69	546 300. 02
2009-06	457 598. 38	377 446. 12	566 288. 11
2009-07	461 201. 98	381 137. 61	570 390. 73
2009-08	465 028. 43	385 241. 19	573 939. 55
2009-09	473 934. 63	390 407. 85	583 987. 21
2009-10	475 583. 94	392 937. 64	586 884. 01
2009-11	483 527. 17	395 885. 31	592 719. 76
2009-12	494 580. 27	399 684. 82	597 741. 10
2010-01	503 451. 44	413 679. 60	612 877. 26
2010-02	512 449. 00	420 678. 38	622 436. 84
2010-03	521 017. 53	425 785. 27	638 090. 42
2010-04	526 907. 13	433 525. 27	649 915. 56
2010-05	530 425. 34	440 018. 15	660 756. 78
2010-06	540 682. 50	446 045. 62	674 098. 03
2010-07	542 024. 65	451 372. 55	675 706. 88
2010-08	550 585. 21	456 818. 62	686 463. 53
2010-09	559 825. 36	462 822. 64	701 024. 48
2010-10	563 938. 27	468 699. 94	702 793. 71
2010-11	571 200. 87	474 389. 23	708 784. 30
2010-12	587 324. 02	479 195. 55	718 237. 93
2011-01	594 222. 53	483 493. 87	712 828. 05
2011-02	599 170. 89	488 870. 98	726 017. 64
2011-03	611 055. 84	494 740. 70	752 838. 40

（续表）

指标名称　　频率　　单位 时间	国内信贷 月 亿元	金融机构各项贷款余额 月 亿元	金融机构各项存款余额 月 亿元
2011-04	610 891. 77	502 170. 76	756 262. 39
2011-05	615 916. 16	507 686. 31	767 339. 00
2011-06	630 497. 60	514 025. 54	786 432. 56
2011-07	626 654. 82	518 941. 36	779 731. 73
2011-08	636 118. 52	524 425. 79	786 797. 56
2011-09	647 552. 48	529 118. 34	794 100. 44
2011-10	650 085. 54	534 986. 76	791 884. 98
2011-11	663 626. 12	540 616. 20	795 113. 97
2011-12	687 971. 60	547 946. 69	809 368. 33
2012-01	691 214. 32	555 253. 05	801 385. 32
2012-02	700 322. 71	562 360. 40	817 398. 08
2012-03	722 026. 16	572 474. 82	846 931. 70
2012-04	718 888. 65	579 292. 11	842 275. 28
2012-05	725 155. 13	587 224. 43	854 499. 67
2012-06	746 505. 22	596 422. 59	883 068. 72
2012-07	743 175. 35	601 823. 80	878 062. 30
2012-08	751 852. 55	608 863. 25	883 106. 28
2012-09	772 580. 93	615 089. 48	899 647. 06
2012-10	770 212. 03	620 143. 19	896 846. 62
2012-11	778 865. 08	625 363. 56	901 585. 93
2012-12	805 593. 77	629 909. 64	917 554. 77
2013-01	814 349. 18	640 766. 52	929 345. 33
2013-02	820 002. 08	646 966. 40	937 065. 14

（续表）

指标名称 频率 单位 时间	国内信贷 月 亿元	金融机构各项 贷款余额 月 亿元	金融机构各项 存款余额 月 亿元
2013-03	846 427.32	657 591.82	979 300.53
2013-04	845 308.39	665 514.79	978 299.69
2013-05	851 200.08	672 208.97	993 113.83
2013-06	867 997.53	680 837.17	1 009 122.27
2013-07	869 786.08	687 834.50	1 006 548.49
2013-08	878 960.97	694 962.17	1 014 623.66
2013-09	899 230.16	702 832.25	1 030 891.62
2013-10	896 149.07	707 891.86	1 026 864.61
2013-11	903 268.01	714 137.43	1 032 336.46
2013-12	927 007.02	718 961.46	1 043 846.86
2014-01	941 220.72	732 144.36	1 034 418.22
2014-02	947 973.61	738 592.59	1 054 363.65
2014-03	972 329.30	749 089.78	1 091 022.27
2014-04	979 466.20	756 835.15	1 084 476.56
2014-05	991 229.16	765 543.54	1 098 187.07
2014-06	1 016 864.17	776 336.66	1 136 074.65
2014-07	1 008 104.01	780 188.63	1 116 247.35
2014-08	1 019 481.31	787 214.13	1 117 327.47
2014-09	1 032 886.40	795 786.02	1 126 570.37
2014-10	1 032 576.94	801 269.48	1 124 704.80
2014-11	1 045 883.46	809 796.94	1 131 415.46
2014-12	1 076 962.18	816 770.01	1 138 644.64
2015-01	1 093 561.42	836 985.96	1 224 060.36
2015-02	1 112 422.99	847 224.57	1 223 250.98

（续表）

指标名称 时间	国内信贷	金融机构各项贷款余额	金融机构各项存款余额
频率	月	月	月
单位	亿元	亿元	亿元
2015-03	1 136 551.53	859 069.21	1 248 866.33
2015-04	1 147 751.55	866 148.47	1 257 577.00
2015-05	1 171 993.31	875 156.04	1 289 898.03
2015-06	1 199 812.09	887 946.89	1 318 291.89
2015-07	1 225 409.23	902 728.12	1 339 998.38
2015-08	1 239 223.10	910 824.05	1 340 529.95
2015-09	1 255 732.27	921 337.19	1 337 338.03
2015-10	1 280 404.15	926 473.22	1 343 123.47
2015-11	1 302 002.60	933 562.66	1 357 391.28
2015-12	1 332 692.76	939 540.16	1 357 021.61
2016-01	1 374 237.66	964 617.65	1 377 548.53
2016-02	1 391 678.59	971 884.02	1 386 015.76
2016-03	1 425 206.59	985 613.17	1 411 182.76
2016-04	1 435 103.51	991 169.46	1 419 505.54
2016-05	1 459 755.33	1 001 024.76	1 437 811.10
2016-06	1 496 112.44	1 014 859.39	1 462 397.28

表 1-d　CFSI 指标原始数据

指标名称 时间	实际有效汇率指数	CPI 当月同比	商品房销售价格	财政收支差额（当月值）
频率	月	月	月	月
单位	—	—	元	亿元
2003-04	90.63	1.00%	2 476.91	330.57
2003-05	87.53	0.70%	2 447.36	81.00

（续表）

指标名称 频率 单位 时间	实际有效 汇率指数	CPI 当月同比	商品房销 售价格	财政收支差 额（当月值）
	月	月	月	月
	—	—	元	亿元
2003-06	86.54	0.30％	2 423.53	−435.24
2003-07	86.91	0.50％	2 416.15	151.85
2003-08	87.67	0.90％	2 421.58	−274.86
2003-09	87.22	1.10％	2 459.92	−299.16
2003-10	85.73	1.80％	2 469.90	334.70
2003-11	87.03	3.00％	2 455.54	−359.70
2003-12	86.00	3.20％	2 378.78	−3 776.98
2004-01	85.87	3.20％	2 605.35	1 166.01
2004-02	85.30	2.10％	2 605.35	743.50
2004-03	86.17	3.00％	2 676.88	532.67
2004-04	86.73	3.80％	2 647.35	754.42
2004-05	87.57	4.40％	2 707.88	453.32
2004-06	86.09	5.00％	2 700.79	−146.00
2004-07	85.69	5.30％	2 724.07	567.69
2004-08	86.43	5.30％	2 748.82	−309.45
2004-09	86.75	5.20％	2 776.59	−547.44
2004-10	85.26	4.30％	2 757.95	338.00
2004-11	83.13	2.80％	2 758.94	−716.05
2004-12	81.89	2.40％	2 713.91	−5 023.56
2005-01	82.88	1.90％	3 109.50	1 549.43
2005-02	84.22	3.90％	3 109.50	684.78
2005-03	82.44	2.70％	3 014.56	339.63
2005-04	82.87	1.80％	2 961.09	897.81

（续表）

指标名称　时间　频率　单位	实际有效汇率指数 月 —	CPI当月同比 月 —	商品房销售价格 月 元	财政收支差额（当月值） 月 亿元
2005-05	82.79	1.80%	2 948.26	484.04
2005-06	83.50	1.60%	2 973.18	14.25
2005-07	85.03	1.80%	2 988.02	728.27
2005-08	85.07	1.30%	3 213.65	−356.66
2005-09	85.31	0.90%	3 257.91	−523.79
2005-10	86.41	1.20%	3 284.67	764.55
2005-11	87.78	1.30%	3 325.82	−967.04
2005-12	87.61	1.60%	3 241.99	−5 939.55
2006-01	86.92	1.90%	3 521.64	1 643.10
2006-02	88.15	0.90%	3 521.64	974.93
2006-03	86.92	0.80%	3 375.41	390.28
2006-04	86.02	1.20%	3 403.43	1 542.00
2006-05	83.78	1.40%	3 457.05	894.18
2006-06	84.46	1.50%	3 463.29	−39.69
2006-07	84.24	1.00%	3 456.89	1 519.03
2006-08	84.15	1.30%	3 463.71	90.94
2006-09	85.48	1.50%	3 459.92	−549.41
2006-10	86.25	1.40%	3 446.04	1 130.06
2006-11	86.24	1.90%	3 500.32	−1 123.05
2006-12	86.56	2.80%	3 382.86	−7 595.10
2007-01	88.42	2.20%	4 184.89	3 325.15
2007-02	89.69	2.70%	4 184.89	501.83
2007-03	88.29	3.30%	3 821.18	667.89

（续表）

指标名称\频率\单位\时间	实际有效汇率指数	CPI 当月同比	商品房销售价格	财政收支差额（当月值）
	月	月	月	月
	—	—	元	亿元
2007-04	87.21	3.00％	3 804.16	2 611.94
2007-05	87.76	3.40％	3 811.12	1 185.30
2007-06	88.74	4.40％	3 814.07	−94.26
2007-07	89.12	5.60％	3 849.88	1 975.76
2007-08	90.01	6.50％	3 899.25	68.75
2007-09	89.78	6.20％	3 944.46	−341.79
2007-10	88.54	6.50％	3 974.04	1 786.87
2007-11	88.61	6.90％	3 990.01	−595.09
2007-12	90.39	6.50％	3 885.39	−9 573.70
2008-01	92.08	7.10％	4 188.73	4 382.50
2008-02	94.82	8.70％	4 188.73	1 475.90
2008-03	92.30	8.30％	3 933.69	606.14
2008-04	92.74	8.50％	3 938.06	2 746.44
2008-05	93.06	7.70％	3 991.79	2 243.52
2008-06	93.53	7.10％	3 987.79	471.61
2008-07	93.52	6.30％	4 013.00	1 512.08
2008-08	95.62	4.90％	3 993.21	−187.81
2008-09	98.27	4.60％	3 938.05	−731.72
2008-10	102.56	4.00％	3 933.11	1 185.78
2008-11	105.18	2.40％	3 918.99	−1 461.63
2008-12	102.78	1.20％	3 876.92	−13 353.00
2009-01	104.75	1.00％	4 671.34	2 138.16
2009-02	107.50	−1.60％	4 671.34	298.15

（续表）

指标名称 频率 单位 时间	实际有效 汇率指数 月 —	CPI当月同比 月 —	商品房销 售价格 月 元	财政收支差 额（当月值） 月 亿元
2009-03	107.38	−1.20%	4 473.21	−605.18
2009-04	104.89	−1.50%	4 536.57	819.10
2009-05	101.53	−1.40%	4 621.30	1 961.46
2009-06	99.48	−1.70%	4 632.14	461.89
2009-07	99.09	−1.80%	4 693.95	1 710.24
2009-08	98.28	−1.20%	4 748.20	500.35
2009-09	97.41	−0.80%	4 716.71	−968.08
2009-10	95.83	−0.50%	4 750.60	2 161.67
2009-11	95.61	0.60%	4 785.32	−1 320.63
2009-12	97.14	1.90%	4 642.98	−14 554.00
2010-01	97.96	1.50%	5 752.11	5 192.86
2010-02	100.48	2.70%	5 752.11	4.76
2010-03	99.01	2.40%	5 192.92	99.49
2010-04	98.94	2.80%	5 307.17	2 350.11
2010-05	101.40	3.10%	5 220.43	2 130.96
2010-06	101.89	2.90%	5 036.49	−239.75
2010-07	100.83	3.30%	4 994.85	1 972.31
2010-08	99.76	3.50%	5 012.52	−794.34
2010-09	99.79	3.60%	5 054.07	−2 181.85
2010-10	98.30	4.40%	5 107.42	1 372.01
2010-11	100.16	5.10%	5 122.03	−4 758.95
2010-12	101.50	4.60%	5 029.15	−11 642.00

（续表）

指标名称 频率 单位 时间	实际有效 汇率指数 月 —	CPI当月同比 月 —	商品房销 售价格 月 元	财政收支差 额（当月值） 月 亿元
2011-01	101.78	4.90%	6 436.99	5 088.41
2011-02	102.35	4.94%	6 436.99	2 922.21
2011-03	100.79	5.38%	5 754.14	61.35
2011-04	99.64	5.34%	5 654.18	2 777.61
2011-05	99.78	5.52%	5 654.17	2 344.26
2011-06	100.11	6.36%	5 535.75	−753.36
2011-07	100.41	6.45%	5 544.52	2 914.18
2011-08	101.18	6.15%	5 557.57	−530.59
2011-09	104.36	6.07%	5 514.41	−2 641.50
2011-10	105.74	5.50%	5 502.14	1 109.31
2011-11	106.35	4.23%	5 474.35	−4 938.86
2011-12	108.02	4.07%	5 377.12	−13 543.22
2012-01	109.56	4.50%	5 917.32	5 885.78
2012-02	108.08	3.20%	5 917.32	1 108.36
2012-03	108.27	3.60%	5 690.62	−1 135.94
2012-04	108.13	3.40%	5 760.73	2 889.00
2012-05	108.97	3.00%	5 868.53	2 840.00
2012-06	108.85	2.20%	5 833.70	−1 684.00
2012-07	108.75	1.80%	5 906.06	1 144.00
2012-08	108.31	2.00%	5 923.75	−1 157.00
2012-09	107.46	1.90%	5 896.09	−3 421.00
2012-10	107.69	1.70%	5 879.99	1 827.00

（续表）

指标名称　频率　单位　时间	实际有效汇率指数	CPI 当月同比	商品房销售价格	财政收支差额(当月值)
	月	月	月	月
	—	—	元	亿元
2012-11	109.55	2.00％	5 836.75	−4 289.00
2012-12	109.84	2.50％	5 790.99	−12 509.68
2013-01	111.32	2.03％	7 030.11	5 288.60
2013-02	113.20	3.22％	7 030.11	1 032.40
2013-03	113.54	2.07％	6 695.21	−1 324.00
2013-04	114.66	2.39％	6 668.96	2 122.86
2013-05	115.58	2.10％	6 611.76	2 483.24
2013-06	115.64	2.67％	6 489.26	−726.72
2013-07	116.63	2.67％	6 469.28	2 494.10
2013-08	116.68	2.57％	6 454.37	−1 019.44
2013-09	117.02	3.05％	6 402.70	−3 494.49
2013-10	115.75	3.21％	6 383.51	1 629.06
2013-11	117.13	3.02％	6 312.43	−3 532.57
2013-12	118.17	2.50％	6 237.30	−15 554.19
2014-01	120.46	2.49％	6 774.97	5 281.23
2014-02	120.35	1.95％	6 774.97	2 574.59
2014-03	116.79	2.38％	6 594.82	−3 262.56
2014-04	114.16	1.80％	6 606.66	3 071.45
2014-05	113.48	2.48％	6 563.32	880.14
2014-06	113.49	2.34％	6 437.02	−3 060.88
2014-07	114.13	2.29％	6 429.71	2 405.38
2014-08	116.05	1.99％	6 410.62	−1 094.53

（续表）

指标名称　频率　单位　时间	实际有效汇率指数	CPI 当月同比	商品房销售价格	财政收支差额（当月值）
	月	月	月	月
	—	—	元	亿元
2014-09	118.94	1.63％	6 382.19	−4 072.52
2014-10	120.87	1.60％	6 371.62	3 370.42
2014-11	123.76	1.44％	6 339.24	−2 805.67
2014-12	125.36	1.51％	6 323.53	−14 599.01
2015-01	127.55	0.76％	6 814.65	8 066.64
2015-02	129.46	1.43％	6 814.65	−1 215.30
2015-03	130.54	1.38％	6 586.38	−3 259.49
2015-04	129.67	1.51％	6 723.14	967.59
2015-05	127.96	1.23％	6 780.85	1 231.34
2015-06	128.84	1.39％	6 815.90	−3 478.78
2015-07	130.83	1.65％	6 871.59	1 516.99
2015-08	130.23	1.96％	6 895.10	−3 172.18
2015-09	130.07	1.60％	6 844.29	−6 906.85
2015-10	128.89	1.27％	6 827.30	943.66
2015-11	130.84	1.49％	6 821.00	−4 982.05
2015-12	130.11	1.60％	6 793.00	−13 262.57
2016-01	129.67	1.80％	7 634.00	7 032.21
2016-02	130.73	2.30％	7 634.00	−817.64
2016-03	128.51	2.30％	7 623.00	−5 276.84
2016-04	126.14	2.33％	7 679.00	2 413.60
2016-05	124.97	2.04％	7 669.00	0.30

表 2-a　CFSI 指标的时变权重

指标 时间	存贷款 利率差	证券化率	国内信贷 /GDP	商业银行不 良贷款率	贷款/存款	市场市 盈率
2003Q2	0.122 4	0.130 4	0.098 8	0.000 0	0.002 2	0.050 8
2003Q3	0.123 9	0.138 7	0.100 9	0.007 6	0.000 1	0.076 5
2003Q4	0.151 8	0.132 4	0.128 9	0.005 8	0.038 7	0.070 8
2004Q1	0.152 6	0.133 3	0.107 0	0.051 7	0.016 8	0.078 4
2004Q2	0.181 2	0.177 4	0.107 9	0.066 5	0.112 1	0.051 9
2004Q3	0.178 7	0.176 7	0.102 2	0.051 7	0.119 7	0.055 7
2004Q4	0.247 1	0.182 0	0.062 5	0.037 5	0.084 5	0.057 2
2005Q1	0.242 8	0.205 7	0.091 2	0.003 8	0.045 0	0.072 4
2005Q2	0.002 9	0.324 9	0.122 6	0.036 2	0.018 8	0.080 6
2005Q3	0.081 6	0.319 0	0.012 9	0.047 7	0.012 5	0.072 6
2005Q4	0.085 5	0.269 6	0.036 9	0.053 2	0.018 0	0.058 6
2006Q1	0.103 8	0.027 4	0.124 7	0.083 1	0.050 8	0.013 3
2006Q2	0.127 3	0.078 9	0.098 7	0.074 0	0.042 9	0.003 2
2006Q3	0.078 1	0.143 5	0.099 6	0.060 0	0.018 2	0.016 6
2006Q4	0.051 0	0.092 7	0.162 2	0.057 2	0.014 4	0.013 5
2007Q1	0.015 0	0.066 6	0.241 0	0.021 2	0.024 6	0.015 1
2007Q2	0.014 2	0.065 6	0.241 7	0.021 0	0.024 7	0.014 9
2007Q3	0.031 6	0.063 0	0.224 2	0.036 1	0.008 9	0.012 4
2007Q4	0.009 6	0.032 8	0.212 5	0.108 2	0.050 8	0.003 4
2008Q1	0.100 7	0.042 5	0.237 8	0.057 7	0.002 1	0.000 3
2008Q2	0.110 3	0.052 3	0.217 2	0.048 9	0.002 2	0.000 8
2008Q3	0.113 7	0.048 9	0.162 0	0.087 4	0.037 2	0.006 9
2008Q4	0.096 7	0.031 9	0.123 7	0.127 7	0.068 5	0.015 2
2009Q1	0.082 0	0.026 5	0.134 2	0.111 2	0.050 6	0.014 5

（续表）

指标 时间	存贷款 利率差	证券化率	国内信贷 /GDP	商业银行不 良贷款率	贷款/存款	市场市 盈率
2009Q2	0.081 7	0.022 2	0.118 8	0.106 5	0.054 8	0.019 7
2009Q3	0.077 6	0.017 1	0.099 2	0.097 2	0.059 7	0.026 8
2009Q4	0.067 8	0.021 2	0.033 7	0.044 4	0.054 9	0.032 3
2010Q1	0.069 1	0.019 3	0.043 4	0.052 4	0.056 5	0.032 2
2010Q2	0.069 1	0.020 0	0.042 2	0.051 1	0.055 9	0.032 1
2010Q3	0.068 1	0.019 8	0.056 7	0.029 1	0.029 0	0.031 8
2010Q4	0.075 9	0.028 6	0.052 5	0.033 9	0.034 8	0.027 5
2011Q1	0.075 9	0.018 9	0.096 4	0.050 4	0.026 4	0.029 5
2011Q2	0.088 5	0.034 0	0.084 6	0.050 4	0.033 3	0.023 3
2011Q3	0.093 4	0.039 9	0.081 6	0.058 4	0.041 2	0.020 8
2011Q4	0.084 0	0.032 3	0.084 8	0.052 6	0.034 9	0.024 5
2012Q1	0.098 2	0.040 3	0.098 5	0.066 1	0.038 6	0.020 4
2012Q2	0.101 5	0.044 4	0.092 4	0.065 2	0.040 1	0.018 2
2012Q3	0.102 5	0.044 9	0.089 0	0.065 5	0.042 7	0.018 4
2012Q4	0.103 4	0.047 1	0.082 0	0.066 9	0.047 4	0.017 9
2013Q1	0.102 2	0.038 9	0.106 8	0.093 1	0.058 2	0.024 1
2013Q2	0.102 1	0.031 2	0.123 7	0.107 9	0.066 2	0.029 3
2013Q3	0.101 1	0.028 2	0.125 4	0.109 1	0.067 7	0.031 2
2013Q4	0.101 3	0.029 2	0.124 9	0.109 2	0.067 7	0.030 4
2014Q1	0.105 4	0.032 2	0.139 9	0.110 2	0.059 5	0.027 0
2014Q2	0.113 3	0.032 6	0.175 3	0.106 7	0.039 8	0.023 1
2014Q3	0.113 4	0.040 9	0.183 1	0.130 6	0.051 1	0.013 9
2014Q4	0.110 4	0.041 2	0.182 5	0.141 5	0.057 7	0.012 7
2015Q1	0.107 5	0.038 8	0.206 5	0.133 7	0.032 2	0.007 6

（续表）

指标 时间	存贷款 利率差	证券化率	国内信贷 /GDP	商业银行不 良贷款率	贷款/存款	市场市 盈率
2015Q2	0.104 4	0.034 4	0.219 5	0.118 6	0.010 0	0.005 3
2015Q3	0.107 0	0.040 1	0.203 4	0.119 3	0.017 0	0.000 1
2015Q4	0.109 0	0.039 0	0.197 1	0.117 1	0.019 6	0.001 3
2016Q1	0.108 5	0.042 9	0.159 1	0.100 1	0.019 9	0.002 7

表 2-b CFSI 指标的时变权重

指标 时间	实际有效 汇率指数	通货膨 胀率	商品房销 售价格	财政赤字 /GDP	M2/GDP
2003Q2	0.137 6	0.122 1	0.157 0	0.140 5	0.038 4
2003Q3	0.143 2	0.116 2	0.158 6	0.096 4	0.037 8
2003Q4	0.165 6	0.067 7	0.183 1	0.018 7	0.036 5
2004Q1	0.135 2	0.109 9	0.177 5	0.005 5	0.032 0
2004Q2	0.052 2	0.082 6	0.162 0	0.004 5	0.001 8
2004Q3	0.046 6	0.098 1	0.162 9	0.001 1	0.006 7
2004Q4	0.010 1	0.064 0	0.201 5	0.007 0	0.046 6
2005Q1	0.026 4	0.073 5	0.226 8	0.007 5	0.005 0
2005Q2	0.075 7	0.018 1	0.126 3	0.013 4	0.180 5
2005Q3	0.045 1	0.040 9	0.225 3	0.016 5	0.125 8
2005Q4	0.058 4	0.039 5	0.236 9	0.013 3	0.130 0
2006Q1	0.101 8	0.037 5	0.305 1	0.000 0	0.152 5
2006Q2	0.095 3	0.043 9	0.269 9	0.002 3	0.163 7
2006Q3	0.070 4	0.040 0	0.264 9	0.008 7	0.200 1
2006Q4	0.076 1	0.025 1	0.320 2	0.008 5	0.179 1
2007Q1	0.099 8	0.002 2	0.355 1	0.007 8	0.151 6

（续表）

时间＼指标	实际有效汇率指数	通货膨胀率	商品房销售价格	财政赤字/GDP	M2/GDP
2007Q2	0.099 9	0.002 6	0.356 8	0.007 7	0.150 9
2007Q3	0.098 8	0.007 9	0.351 4	0.007 4	0.158 2
2007Q4	0.045 4	0.012 7	0.416 5	0.005 9	0.102 3
2008Q1	0.072 0	0.005 4	0.260 5	0.013 0	0.208 0
2008Q2	0.088 2	0.008 7	0.263 4	0.011 4	0.196 6
2008Q3	0.143 9	0.002 9	0.243 3	0.008 6	0.145 1
2008Q4	0.190 9	0.014 1	0.213 1	0.012 3	0.105 9
2009Q1	0.186 6	0.016 6	0.204 0	0.013 2	0.160 6
2009Q2	0.194 2	0.014 3	0.243 6	0.019 1	0.125 2
2009Q3	0.191 1	0.011 5	0.294 1	0.022 4	0.103 1
2009Q4	0.178 0	0.024 5	0.514 5	0.009 4	0.019 4
2010Q1	0.177 6	0.018 9	0.488 3	0.010 4	0.031 9
2010Q2	0.178 4	0.020 1	0.491 4	0.010 4	0.029 2
2010Q3	0.186 8	0.043 9	0.515 2	0.005 1	0.014 4
2010Q4	0.177 4	0.045 4	0.494 5	0.002 6	0.026 9
2011Q1	0.184 7	0.045 4	0.458 8	0.001 8	0.011 8
2011Q2	0.158 6	0.047 9	0.444 2	0.008 9	0.026 1
2011Q3	0.154 1	0.046 1	0.428 4	0.009 4	0.026 7
2011Q4	0.156 2	0.049 0	0.454 7	0.009 0	0.018 0
2012Q1	0.155 6	0.046 1	0.397 3	0.007 1	0.031 8
2012Q2	0.158 9	0.044 7	0.390 6	0.005 4	0.038 7
2012Q3	0.157 1	0.043 1	0.392 9	0.005 9	0.037 9
2012Q4	0.159 1	0.040 7	0.392 2	0.002 8	0.040 3
2013Q1	0.154 0	0.038 1	0.365 0	0.000 2	0.019 5

（续表）

时间＼指标	实际有效汇率指数	通货膨胀率	商品房销售价格	财政赤字/GDP	M2/GDP
2013Q2	0.137 2	0.035 3	0.362 2	0.004 8	0.000 1
2013Q3	0.129 1	0.033 3	0.362 1	0.006 7	0.006 2
2013Q4	0.130 1	0.033 7	0.361 5	0.006 7	0.005 2
2014Q1	0.135 5	0.037 7	0.339 8	0.006 8	0.005 8
2014Q2	0.126 1	0.043 6	0.304 6	0.011 7	0.023 0
2014Q3	0.128 5	0.043 6	0.269 8	0.006 8	0.018 1
2014Q4	0.139 3	0.043 5	0.252 7	0.000 0	0.018 3
2015Q1	0.160 7	0.055 0	0.214 5	0.001 4	0.042 0
2015Q2	0.172 5	0.064 8	0.206 1	0.000 2	0.064 1
2015Q3	0.172 5	0.061 4	0.218 6	0.000 3	0.060 4
2015Q4	0.172 3	0.059 2	0.224 5	0.001 8	0.059 2
2016Q1	0.193 4	0.056 5	0.243 1	0.003 5	0.070 1

表 3-a　2003 年第二季度至 2016 年第一季度 CFSI-1 的指数值

时间	CFSI-1	时间	CFSI-1	时间	CFSI-1
2003Q2	0.10	2005Q4	0.16	2008Q2	−0.09
2003Q3	0.09	2006Q1	0.16	2008Q3	−0.01
2003Q4	0.03	2006Q2	0.13	2008Q4	0.17
2004Q1	0.05	2006Q3	0.13	2009Q1	0.22
2004Q2	0.07	2006Q4	0.10	2009Q2	0.20
2004Q3	0.06	2007Q1	0.03	2009Q3	0.19
2004Q4	0.08	2007Q2	0.00	2009Q4	0.17
2005Q1	0.10	2007Q3	−0.09	2010Q1	0.15
2005Q2	0.15	2007Q4	−0.14	2010Q2	0.15
2005Q3	0.17	2008Q1	−0.13	2010Q3	0.15

（续表）

时间	CFSI-1	时间	CFSI-1	时间	CFSI-1
2010Q4	0.09	2012Q4	0.08	2014Q4	0.02
2011Q1	0.03	2013Q1	0.10	2015Q1	0.06
2011Q2	0.03	2013Q2	0.08	2015Q2	0.09
2011Q3	−0.01	2013Q3	0.06	2015Q3	0.14
2011Q4	0.05	2013Q4	0.06	2015Q4	0.08
2012Q1	0.06	2014Q1	0.08	2016Q1	0.12
2012Q2	0.06	2014Q2	0.09		
2012Q3	0.11	2014Q3	0.03		

表 3-b   2003 年第二季度至 2016 年第一季度 CFSI-3 的指数值

时间	CFSI-3	时间	CFSI-3	时间	CFSI-3
2003Q2	0.10	2007Q1	0.03	2010Q4	0.09
2003Q3	0.09	2007Q2	0.00	2011Q1	0.03
2003Q4	0.03	2007Q3	−0.09	2011Q2	0.03
2004Q1	0.05	2007Q4	−0.14	2011Q3	−0.01
2004Q2	0.07	2008Q1	−0.13	2011Q4	0.05
2004Q3	0.06	2008Q2	−0.09	2012Q1	0.06
2004Q4	0.08	2008Q3	−0.01	2012Q2	0.06
2005Q1	0.10	2008Q4	0.17	2012Q3	0.11
2005Q2	0.15	2009Q1	0.22	2012Q4	0.08
2005Q3	0.17	2009Q2	0.20	2013Q1	0.10
2005Q4	0.16	2009Q3	0.19	2013Q2	0.08
2006Q1	0.16	2009Q4	0.17	2013Q3	0.06
2006Q2	0.13	2010Q1	0.15	2013Q4	0.06
2006Q3	0.13	2010Q2	0.15	2014Q1	0.08
2006Q4	0.10	2010Q3	0.15	2014Q2	0.09

（续表）

时间	CFSI-3	时间	CFSI-3	时间	CFSI-3
2014Q3	0.03	2015Q2	0.09	2016Q1	0.12
2014Q4	0.02	2015Q3	0.14		
2015Q1	0.06	2015Q4	0.08		

表 4-a　主要宏观经济指数的原始数据

时间	宏观先行合成指数	宏观一致合成指数	宏观滞后合成指数	工业生产者出厂价格指数
2003-04	101.07	100.70	97.10	99.91
2003-05	101.34	100.68	97.36	99.43
2003-06	102.02	101.05	97.38	99.58
2003-07	102.84	101.31	97.33	100.03
2003-08	102.95	101.21	97.52	100.12
2003-09	103.30	101.19	97.90	100.25
2003-10	103.34	101.25	98.38	100.37
2003-11	103.61	101.80	98.67	101.03
2003-12	103.73	102.37	98.71	100.89
2004-01	103.49	103.44	98.70	100.67
2004-02	103.58	103.79	98.91	100.73
2004-03	103.33	104.05	99.37	100.78
2004-04	103.27	103.31	99.73	100.83
2004-05	102.38	102.66	99.80	100.15
2004-06	101.69	102.24	99.66	100.35
2004-07	101.25	102.13	99.46	100.20
2004-08	101.40	101.97	99.47	100.61
2004-09	101.27	101.91	99.09	101.13
2004-10	101.37	101.89	98.36	100.83
2004-11	101.32	102.16	97.49	100.69

（续表）

时间	宏观先行合成指数	宏观一致合成指数	宏观滞后合成指数	工业生产者出厂价格指数
2004-12	101.55	101.46	96.65	99.86
2005-01	101.63	100.73	96.70	99.67
2005-02	101.72	100.07	96.34	100.40
2005-03	102.10	100.30	95.81	100.90
2005-04	102.51	100.70	94.57	100.90
2005-05	102.73	101.10	93.68	100.45
2005-06	102.75	101.24	93.31	99.88
2005-07	102.80	101.54	93.07	100.25
2005-08	102.81	101.63	92.89	100.53
2005-09	102.72	101.87	92.96	100.40
2005-10	102.37	101.90	93.45	100.26
2005-11	102.62	102.09	94.08	99.98
2005-12	102.66	102.04	95.04	99.88
2006-01	103.10	101.82	94.58	100.00
2006-02	103.11	101.61	94.57	100.39
2006-03	103.05	101.67	94.21	100.28
2006-04	102.65	102.01	94.88	100.40
2006-05	102.58	102.14	95.64	100.78
2006-06	102.35	102.16	96.18	100.82
2006-07	102.29	101.93	96.89	100.22
2006-08	102.24	101.73	97.31	100.37
2006-09	102.57	101.52	97.65	100.35
2006-10	102.84	101.61	98.03	99.81
2006-11	103.15	101.55	98.24	99.76

（续表）

时间	宏观先行合成指数	宏观一致合成指数	宏观滞后合成指数	工业生产者出厂价格指数
2006-12	102.71	102.25	97.88	100.10
2007-01	102.35	102.46	98.57	100.14
2007-02	101.75	102.63	98.89	99.82
2007-03	102.34	102.48	99.85	100.25
2007-04	103.02	102.50	99.77	100.56
2007-05	103.66	102.66	100.28	100.74
2007-06	104.13	102.66	101.18	100.39
2007-07	104.32	102.80	101.82	100.26
2007-08	104.38	103.03	102.00	100.53
2007-09	104.34	103.37	101.90	100.34
2007-10	104.22	103.50	101.79	100.31
2007-11	103.47	103.69	101.75	101.10
2007-12	103.33	103.32	102.09	101.04
2008-01	103.43	102.75	102.19	100.78
2008-02	104.12	102.51	102.56	100.62
2008-03	103.53	102.37	102.75	101.24
2008-04	103.03	102.99	103.18	101.01
2008-05	102.43	102.93	103.02	100.84
2008-06	101.92	102.98	102.51	101.00
2008-07	101.28	102.36	101.44	101.37
2008-08	100.40	101.55	100.70	100.37
2008-09	99.08	100.37	99.88	99.57
2008-10	97.71	98.40	98.75	98.31
2008-11	97.64	97.15	97.23	96.63

（续表）

时间	宏观先行 合成指数	宏观一致 合成指数	宏观滞后 合成指数	工业生产者出 厂价格指数
2008-12	98.07	95.01	95.52	97.65
2009-01	98.59	94.57	93.56	98.59
2009-02	98.68	94.08	92.23	99.32
2009-03	99.72	94.89	90.67	99.73
2009-04	100.81	95.27	90.12	100.16
2009-05	101.97	95.86	89.44	100.07
2009-06	102.63	96.50	88.94	100.34
2009-07	103.45	97.30	89.11	100.97
2009-08	104.22	98.10	89.58	100.78
2009-09	105.13	98.98	90.37	100.57
2009-10	106.04	100.56	91.54	100.05
2009-11	105.92	101.66	92.82	100.55
2009-12	106.14	103.58	93.45	100.95
2010-01	105.63	104.07	94.74	100.93
2010-02	106.13	104.64	95.10	100.44
2010-03	105.43	104.29	96.50	100.54
2010-04	104.94	104.04	96.61	100.97
2010-05	103.97	103.41	97.24	100.59
2010-06	103.27	102.67	97.57	99.70
2010-07	102.98	102.18	97.70	99.61
2010-08	102.53	101.92	97.79	100.40
2010-09	102.52	101.82	98.13	100.58
2010-10	102.28	102.25	98.69	100.70
2010-11	102.08	101.98	99.29	101.40

（续表）

时间	宏观先行合成指数	宏观一致合成指数	宏观滞后合成指数	工业生产者出厂价格指数
2010-12	101.63	102.75	101.07	100.70
2011-01	101.34	102.28	101.24	100.90
2011-02	101.50	103.00	102.24	100.80
2011-03	101.86	102.61	101.74	100.60
2011-04	102.12	102.89	102.62	100.50
2011-05	102.05	102.81	102.88	100.30
2011-06	102.24	102.82	103.07	100.00
2011-07	102.04	102.84	103.24	100.00
2011-08	101.44	102.63	103.09	100.10
2011-09	100.69	102.30	102.87	100.00
2011-10	100.12	101.58	101.90	99.30
2011-11	100.31	100.76	101.06	99.30
2011-12	100.24	99.48	100.02	99.70
2012-01	100.93	99.25	99.87	99.90
2012-02	100.76	98.98	99.31	100.10
2012-03	100.62	98.85	98.78	100.30
2012-04	100.02	98.29	97.86	100.20
2012-05	99.65	97.97	97.00	99.60
2012-06	99.23	97.85	96.50	99.30
2012-07	99.28	97.47	96.01	99.20
2012-08	99.92	97.42	95.83	99.50
2012-09	100.43	97.67	95.44	99.90
2012-10	100.42	98.02	95.52	100.20
2012-11	100.44	98.69	95.80	99.90

（续表）

时间	宏观先行 合成指数	宏观一致 合成指数	宏观滞后 合成指数	工业生产者出 厂价格指数
2012-12	100.65	98.89	95.87	99.90
2013-01	100.83	98.74	96.15	100.20
2013-02	100.26	98.03	95.92	100.20
2013-03	100.10	97.88	96.21	100.00
2013-04	99.69	97.81	95.81	99.40
2013-05	99.88	97.69	95.88	99.40
2013-06	99.94	97.66	95.82	99.40
2013-07	99.97	98.05	95.88	99.70
2013-08	99.94	98.37	95.92	100.10
2013-09	99.56	98.35	96.16	100.20
2013-10	99.47	98.12	96.13	100.00
2013-11	99.37	97.94	95.79	100.00
2013-12	99.23	97.95	95.88	100.00
2014-01	99.25	97.74	95.47	99.90
2014-02	99.46	97.45	95.87	99.80
2014-03	99.91	97.24	95.40	99.68
2014-04	99.86	97.32	96.17	99.75
2014-05	100.04	97.66	96.23	99.94
2014-06	99.89	97.72	96.39	99.79
2014-07	100.22	97.39	96.06	99.91
2014-08	99.82	97.03	95.53	99.80
2014-09	99.85	96.71	94.88	99.62
2014-10	99.35	96.59	94.21	99.60
2014-11	99.12	96.56	93.85	99.51

（续表）

时间	宏观先行合成指数	宏观一致合成指数	宏观滞后合成指数	工业生产者出厂价格指数
2014-12	98.54	95.86	92.89	99.37
2015-01	98.60	95.65	93.04	98.91
2015-02	98.43	94.84	92.59	99.27
2015-03	98.53	94.72	93.32	99.93
2015-04	98.66	94.22	92.57	99.74
2015-05	98.74	94.49	92.53	99.91
2015-06	98.86	94.55	92.34	99.57
2015-07	98.40	94.53	92.66	99.32
2015-08	98.52	94.07	92.84	99.22
2015-09	98.28	93.81	92.79	99.60
2015-10	98.33	93.91	92.75	99.61
2015-11	98.12	94.02	92.59	99.50
2015-12	98.41	94.03	92.34	99.40
2016-01	98.74	93.73	91.71	99.54
2016-02	99.03	94.08	91.29	99.66
2016-03	98.93	94.36	90.66	100.54
2016-04	98.59	94.64	90.48	100.72
2016-05	98.26	94.34	90.27	100.50

表 4-b　主要宏观经济指数的原始数据

时间	国内生产总值指数	时间	国内生产总值指数	时间	国内生产总值指数
2003Q2	9.10	2004Q1	10.50	2004Q4	8.80
2003Q3	10.00	2004Q2	11.50	2005Q1	11.00
2003Q4	10.00	2004Q3	9.80	2005Q2	11.00

（续表）

时间	国内生产总值指数	时间	国内生产总值指数	时间	国内生产总值指数
2005Q3	10.80	2009Q2	8.00	2013Q1	7.80
2005Q4	12.40	2009Q3	10.40	2013Q2	7.50
2006Q1	12.50	2009Q4	11.70	2013Q3	7.90
2006Q2	13.60	2010Q1	12.20	2013Q4	7.60
2006Q3	12.20	2010Q2	10.70	2014Q1	7.30
2006Q4	12.50	2010Q3	9.90	2014Q2	7.40
2007Q1	13.80	2010Q4	10.00	2014Q3	7.10
2007Q2	14.90	2011Q1	10.20	2014Q4	7.20
2007Q3	14.20	2011Q2	9.90	2015Q1	7.00
2007Q4	13.90	2011Q3	9.40	2015Q2	7.00
2008Q1	11.50	2011Q4	8.70	2015Q3	6.90
2008Q2	10.90	2012Q1	8.00	2015Q4	6.80
2008Q3	9.60	2012Q2	7.50	2016Q1	6.70
2008Q4	7.10	2012Q3	7.40	—	—
2009Q1	6.20	2012Q4	8.00	—	—

表5　计算名义利率的原始数据

时间	银行间同业拆借:加权平均利率(7天)	银行间同业拆借:成交金额(7天)	时间	银行间同业拆借:加权平均利率(7天)	银行间同业拆借:成交金额(7天)
2003-01	2.16%	791.54	2003-07	2.15%	1 670.79
2003-02	2.13%	649.34	2003-08	2.20%	1 851.46
2003-03	2.06%	850.81	2003-09	2.68%	1 236.62
2003-04	1.97%	1 622.58	2003-10	2.83%	932.06
2003-05	2.02%	1 164.92	2003-11	2.57%	1 080.89
2003-06	2.10%	1 511.61	2003-12	2.24%	1 200.51

（续表）

时间	银行间同业拆借:加权平均利率(7天)	银行间同业拆借:成交金额(7天)	时间	银行间同业拆借:加权平均利率(7天)	银行间同业拆借:成交金额(7天)
2004-01	2.36%	1 032.68	2006-02	1.69%	672.18
2004-02	2.27%	870.60	2006-03	1.75%	863.18
2004-03	2.08%	1 124.23	2006-04	1.84%	572.21
2004-04	2.31%	815.03	2006-05	1.88%	553.32
2004-05	2.24%	698.97	2006-06	2.19%	921.67
2004-06	2.41%	1 149.67	2006-07	2.43%	1 547.58
2004-07	2.33%	846.94	2006-08	2.46%	1 396.99
2004-08	2.34%	742.56	2006-09	2.40%	1 282.90
2004-09	2.26%	836.47	2006-10	2.58%	1 004.67
2004-10	2.21%	544.75	2006-11	3.23%	1 634.99
2004-11	2.21%	820.01	2006-12	2.40%	1 841.89
2004-12	2.09%	932.17	2007-01	2.03%	1 527.06
2005-01	2.06%	843.53	2007-02	3.03%	1 132.29
2005-02	2.26%	606.62	2007-03	1.99%	1 316.55
2005-03	1.98%	916.60	2007-04	3.33%	2 232.41
2005-04	1.79%	714.86	2007-05	2.36%	1 673.43
2005-05	1.64%	616.26	2007-06	3.09%	1 812.40
2005-06	1.57%	787.68	2007-07	3.11%	1 620.22
2005-07	1.55%	674.69	2007-08	2.37%	1 675.87
2005-08	1.56%	763.92	2007-09	4.75%	2 849.47
2005-09	1.55%	723.94	2007-10	3.84%	1 911.99
2005-10	1.48%	650.00	2007-11	3.28%	1 925.93
2005-11	1.60%	703.90	2007-12	3.31%	2 102.48
2005-12	1.73%	960.62	2008-01	3.45%	1 940.06
2006-01	1.78%	612.75	2008-02	3.28%	2 502.86

（续表）

时间	银行间同业拆借:加权平均利率(7 天)	银行间同业拆借:成交金额(7 天)	时间	银行间同业拆借:加权平均利率(7 天)	银行间同业拆借:成交金额(7 天)
2008-03	2.53%	4 407.61	2010-04	1.66%	1 425.95
2008-04	3.20%	3 055.93	2010-05	1.95%	1 959.87
2008-05	3.37%	3 805.30	2010-06	2.68%	2 331.08
2008-06	3.44%	3 130.62	2010-07	2.11%	2 233.36
2008-07	3.03%	3 621.57	2010-08	1.92%	3 015.23
2008-08	3.26%	2 278.93	2010-09	2.48%	2 535.03
2008-09	3.16%	2 302.98	2010-10	2.06%	1 762.07
2008-10	3.08%	2 750.47	2010-11	2.06%	2 510.72
2008-11	2.68%	2 884.47	2010-12	4.54%	2 478.85
2008-12	1.56%	2 323.86	2011-01	4.94%	1 605.98
2009-01	1.03%	782.90	2011-02	3.70%	2 099.40
2009-02	1.01%	1 231.83	2011-03	2.42%	2 514.33
2009-03	0.99%	1 613.81	2011-04	3.01%	2 650.25
2009-04	1.00%	1 928.64	2011-05	3.72%	1 728.57
2009-05	1.00%	2 072.45	2011-06	5.95%	3 149.17
2009-06	1.06%	2 912.51	2011-07	5.20%	2 898.88
2009-07	1.62%	2 542.09	2011-08	3.83%	4 890.64
2009-08	1.49%	1 450.85	2011-09	4.06%	4 729.27
2009-09	1.57%	2 542.01	2011-10	3.92%	4 850.19
2009-10	1.57%	1 113.77	2011-11	3.78%	5 475.26
2009-11	1.46%	996.88	2011-12	3.94%	5 808.89
2009-12	1.50%	2 160.14	2012-01	4.55%	3 304.83
2010-01	1.52%	1 224.14	2012-02	4.06%	3 542.52
2010-02	1.80%	1 396.48	2012-03	3.20%	4 190.63
2010-03	1.67%	1 396.25	2012-04	3.86%	2 986.23

（续表）

时间	银行间同业拆借:加权平均利率(7天)	银行间同业拆借:成交金额(7天)	时间	银行间同业拆借:加权平均利率(7天)	银行间同业拆借:成交金额(7天)
2012-05	2.98%	2 275.83	2014-06	3.45%	4 170.99
2012-06	3.26%	3 573.24	2014-07	3.98%	5 104.29
2012-07	3.52%	3 839.81	2014-08	3.61%	6 185.20
2012-08	3.54%	3 631.09	2014-09	3.41%	6 762.39
2012-09	3.54%	3 538.42	2014-10	3.18%	6 455.88
2012-10	3.17%	3 658.10	2014-11	3.33%	7 455.74
2012-11	3.26%	3 501.56	2014-12	4.46%	7 439.91
2012-12	3.50%	3 891.42	2015-01	4.11%	5 736.06
2013-01	3.27%	3 046.53	2015-02	4.73%	4 568.59
2013-02	3.44%	3 102.25	2015-03	4.74%	6 294.40
2013-03	3.22%	4 301.97	2015-04	3.20%	6 333.67
2013-04	3.37%	3 159.80	2015-05	2.35%	7 053.42
2013-05	3.71%	3 953.07	2015-06	2.57%	8 890.95
2013-06	6.98%	3 125.46	2015-07	2.76%	5 915.04
2013-07	4.10%	3 758.59	2015-08	2.57%	5 383.43
2013-08	4.10%	3 911.06	2015-09	2.52%	5 571.64
2013-09	3.87%	3 892.11	2015-10	2.47%	5 172.55
2013-10	4.39%	3 311.30	2015-11	2.43%	7 948.23
2013-11	4.53%	4 623.07	2015-12	2.53%	8 105.88
2013-12	5.17%	3 839.01	2016-01	2.55%	5 599.69
2014-01	4.84%	3 864.15	2016-02	2.48%	3 433.61
2014-02	4.40%	3 036.35	2016-03	2.45%	6 943.50
2014-03	3.47%	3 079.44	2016-04	2.52%	6 011.00
2014-04	3.62%	4 190.34	2016-05	2.46%	8 228.64
2014-05	3.31%	3 315.90	2016-06	2.47%	10 995.83

后　记

　　本书的内容是基于我博士期间的研究所得撰写而成的。在完成本书的过程中，得到了诸多老师和朋友的热心帮助、支持，在此表达对各位的感激之情。

　　我要特别感谢我的博士生导师徐国祥教授。我从徐老师身上看到了作为学生导师的严格尽责，作为一名授课老师的爱岗敬业，作为长辈的平易近人。从徐老师的身上，我学习到了许多可贵的工作态度和为人处世的道理。在学术科研上，徐老师时常教导学生研究问题要建立在理论研究之上，要时刻清楚研究目的，注重思维的逻辑性和严密性，论文写作要注意用词准确，语言流畅，语义清楚。此外，徐老师以身作则，为我们示范了在论文投稿中也要遵守诚信的要求，这将会一直影响我今后对待科研活动的态度。徐老师也鼓励学生积极参与课题研究，为我们提供了将所学应用于实践的机会。在徐老师的带领下，我已参与了多项课题研究，在这个过程中，我收获了科研经验，磨炼了意志力和耐心，提高了团队协作的能力。在博士前两年的课程学习中，徐老师教导我们要认真对待，善于从书本中吸收知识，在积累中找创新。在生活中，徐老师善于理解学生，注意关心学生们的近况。当我们遇到疑惑和困难，徐老师会耐心为我们解答；当我们灰心丧气时，徐老师会及时给我们鼓励；当我们出现错误时，徐老师会提醒和指点我们。从初出茅庐到在科研道路上匍匐前行，我的每一点进步都得益于徐老师春风化

雨般的栽培。在未来的科研道路上，我将继续砥砺前行，努力为科研事
业贡献自己的一分力量。

最后还要感谢所有为了此书顺利出版作出努力的老师、编辑和朋
友们。

郭建娜

2018 年 5 月